PIERRE GASLY

L'AUDACE À PLEINE VITESSE

TALENT ÉDITIONS

115 rue de l'Abbé Groult, 75015 Paris

Mise en page et couverture : © Mathilde Legrand
Photo de coverture : Florent Gooden / DPPI / DPPI via AFP ;
Bearne / XPB Images Photo by Icon Sport

ISBN : 978-2-37815-495-0

EMMANUEL TOUZOT

PIERRE GASLY

L'AUDACE À PLEINE VITESSE

Talent Sport

DANS LA MÊME COLLECTION CHEZ TALENT ÉDITIONS

Formule 1 75 - Emmanuel Touzot

Formule 1 Le tour du monde des circuits d'exception - Emmanuel Touzot

Surviving to drive - Günther Steiner

Sans filtre, *Mon incroyable décénie en Formule 1* - Günther Steiner

Sebastian Vettel - Loïc Chenevas-Paule et Thomas Woloch

24 heures du Mans, Un centenaire d'histoires - Emmanuel Touzot

Formule 1 : tous les pilotes de 1950 à nos jours - Emmanuel Touzot

Fernando Alonso - Loïc Chenevas-Paule

Lewis Hamilton, *La biographie* - Frank Worrall

Comment devenir pilote de F1 - Jenson Button

Adrian Newey - Autobiographie

Une vie à la limite - Jenson Button

Michael Schumacher, *Sa vie, ses victoires, ses rêves* - Karin Sturm

SOMMAIRE

INTRODUCTION

São Paulo, le 3 novembre 2024. La pluie s'abat finement sur le circuit d'Interlagos, théâtre de la 21e manche de la saison de Formule 1, promettant une course qui va mettre en valeur les pilotes ayant une habitude des conditions difficiles. La séance de qualification a eu lieu le matin même, tant les conditions étaient impraticables le samedi après-midi, et cette longue journée semble être celle de toutes les opportunités, mais aussi celle de tous les dangers. Qualifié 13e, Pierre Gasly n'a pas été à l'aise sur piste sèche, mais il est en revanche bien plus efficace sur l'asphalte mouillé, qui gomme les lacunes de sa monoplace et apporte moins de complications pour la placer dans une fenêtre de fonctionnement optimale. Malgré sa position décevante sur la grille de départ, le pilote Alpine entretient un espoir de bon résultat, compte tenu des averses annoncées et de la forte pluie qui pourrait s'abattre un peu moins de trente minutes après le départ. Un départ dont la procédure est d'abord retardée par un accident dans le tour de formation, puis annulée à cause d'un non-respect de son déroulement.

Au moment du départ réel, plus de vingt minutes ont passé, et il semble inévitable que le ciel s'abatte sur les pilotes. Dans les premières boucles, courues en pneus intermédiaires, Pierre Gasly remonte dans le top 10. Il se défait de Fernando Alonso et maintient cette position jusqu'au 26e tour, moment où la pluie revient. Nico Hülkenberg cause une neutralisation en immobilisant sa voiture pendant un tour dans l'échappatoire du premier virage, et la course reprend au moment où l'averse se transforme en déluge. Les pilotes rentrent les uns après les autres dans les stands pour chausser des pneus pluie, avec une meilleure capacité à rejeter de l'eau, afin de gagner en adhérence. Trois d'entre eux font toutefois le pari de garder les pneus intermédiaires. Parmi eux, le triple champion du monde proche de sécuriser une quatrième couronne, Max Verstappen, et les pilotes Alpine, Esteban Ocon et Pierre Gasly.

Ce dernier est plus rapide que la Red Bull du leader du championnat et vole vers un podium totalement inattendu, car la course va être interrompue quelques minutes plus tard, lui permettant de chausser des gommes plus adaptées sans sacrifier au traditionnel passage par le stand. Sous cette pluie diluvienne, la performance du normand de 28 ans n'est pas étrangère à son passé. Les années sur les circuits l'ont habitué à rouler dans des conditions difficiles. Il a développé ses capacités sous des pluies diluviennes durant ses premières années en Formule 1, mais aussi pendant son exil au Japon avant d'arriver en catégorie reine, où les typhons rythmaient sa saison de Super Formula. Et bien sûr, au début de sa carrière, quand cet enfant né à Rouen faisait ses classes en karting sur le circuit d'Anneville-Ambourville ou ailleurs en Normandie. Les week-ends passés à rouler sous la pluie et sur la neige alors que d'autres jeunes pilotes attendaient l'accalmie prennent tout leur sens au moment où il est en train d'aller chercher son cinquième podium en Formule 1, sous une météo qui est parmi les plus épouvantables qu'il ait eu à affronter au fil de sa carrière. Si des images de sa jeunesse lui reviennent, c'est parce qu'elle a été fondatrice de ces capacités qui, à cet instant, lui permettent d'être parmi les deux pilotes les plus rapides en piste. Il n'est pourtant pas chaussé des pneus les plus adaptés, et il a devant lui un champion du monde en la personne de Max Verstappen. Cela ne l'empêche pas de remonter sur le Néerlandais à raison de deux à trois secondes par tour, faisant fi d'une piste détrempée qui serait un obstacle pour bien d'autres pilotes. L'adhérence précaire de pneus qui ne peuvent pas évacuer assez d'eau, la visière saturée d'eau qui se dresse devant un pilotage pourtant minutieux, tout oblige à un travail d'orfèvrerie derrière le volant, et si Pierre Gasly en est capable, c'est bien grâce à toutes ces séances d'entraînement en Normandie, et grâce à une carrière dévouée au sport automobile qui l'a préparé à vivre ce type de conditions.

CHAPITRE 1

UN SOCLE FAMILIAL BERCÉ PAR LE SPORT AUTO

Dans la famille Gasly, le sport auto est plus qu'une passion, c'est une institution. Quand on évolue à quelques encablures des routes qui furent autrefois le circuit de Rouen-les-Essarts, il n'est pas surprenant que l'ADN familial comporte un amour inconditionnel de la course automobile, et plus particulièrement de la Formule 1. Le championnat du monde est lui-même passé par la Normandie dans les années 1950 et 1960. Mais le morceau de bravoure qu'était ce tracé sur route ouverte est devenu anachronique, d'abord réduit à une portion de route puis finalement fermé en 1994, car jugé trop dangereux et coûteux en entretien. Ce lieu est important pour la famille Gasly puisque c'est là que Jean-Jacques et Pascale, les parents de Pierre, se sont rencontrés. Tous deux férus de sport automobile, ils ont passé leur jeunesse près de ce circuit. Les parents de

Jean-Jacques, Jean et Évelyne, étaient eux-mêmes des habitués du circuit de Rouen-les-Essarts, sur lequel ils roulaient pour le plaisir et en compétition. Mais l'histoire d'amour entre les Gasly et la compétition automobile subit un coup d'arrêt quand Jean connait un accident qui le convainc du danger de cette passion pourtant si intense.

Ce « fou de vitesse » interdit alors à Jean-Jacques de poursuivre dans cette voix, mais comme ce dernier l'expliquait à *Auto Hebdo*, cela ne l'a pas empêché de revenir à son amour du sport automobile : *« Dès que j'ai eu 18 ans, je me suis acheté mon premier kart et j'ai repris le flambeau »,* racontait celui qui a « glané quelques succès » comparables à ceux de ses propres parents, à l'échelle régionale voire nationale. Champion de France de karting, Jean-Jacques Gasly ne poursuit pas une carrière, « rattrapé par ses responsabilités » de père, comme il aime à le dire. Lui-même père de deux enfants, il se met en couple avec Pascale, qui a également deux enfants d'une union précédente. Les quatre garçons, qui accompagnent leurs parents sur les circuits et ont attrapé le virus de la course dès leur plus tendre enfance, sont bientôt rejoints en 1996 par un cinquième, Pierre. Les aînés sont rapidement mis derrière un volant, et le dernier de la fratrie les accompagne sur les circuits le week-end. *« Je regardais avec admiration ce qu'ils faisaient. À seulement deux ans, je voulais être leur mécanicien et les aider à aller le plus vite possible. J'adorais déjà cet univers»*, racontait le principal intéressé dans le podcast de la F1 *Beyond the Grid*. Dès le plus jeune âge, la compétition automobile est présente à chaque instant. Quand les Gasly ne sont pas sur un circuit, ils regardent religieusement la Formule 1 le dimanche, et le jeune Pierre se passionne immédiatement pour ce sport. Mais la révélation intervient quand ses parents le mettent enfin dans un karting, à l'âge de 6 ans.

> «*Je me souviens encore de ce que j'ai ressenti la première fois que j'ai pris le volant d'un kart, à l'âge de 6 ans, sur un circuit près de chez moi, en Normandie,* se souvenait-il lors d'un autre passage dans Beyond the Grid. *Si je ferme les yeux, même aujourd'hui, je peux encore me voir quitter la voie des stands pour la première fois, parcourir cette ligne droite, passer dans l'herbe, parce que c'était la toute première fois, essayer de trouver mes trajectoires, ce genre de choses. Je me souviens juste de cette sensation d'excitation, de peur et d'adrénaline. C'était comme un cocktail d'émotions. J'aimais déjà la F1, que je regardais à la télévision, mais c'est vraiment cette sensation de vitesse et le fait d'être si près du sol dans le kart qui m'ont fait tomber amoureux de ce sport.* »

Cette passion grandissante s'accompagne chez l'enfant d'une envie de tout réussir et de toucher à tout. Élève modèle en classe « ne supportant pas » qu'un de ses camarades de classe soit meilleur que lui, selon les mots de sa maman dans les colonnes d'*Auto Hebdo*, il développe un amour pour d'autres sports. Parmi les autres passions du jeune pilote, il y a le hockey sur glace, qu'il débute à l'âge de 3 ans, puis le football qu'il pratique avant même sa première expérience dans un karting, dès ses 5 ans. Pendant six ans, il va forger sa relation aux autres et découvrir le travail en commun : *« Je jouais en tant que milieu de terrain droite. [...] C'était génial, car ça m'a bâti une bonne constitution physique pour la suite. Ce fut utile pour comprendre l'esprit d'équipe. J'ai appris à collaborer, jouer avec mes équipiers et construire une bonne relation avec mes compagnons de club, un peu comme dans une écurie de F1 »*, expliquait-il en 2022 sur la chaîne HugoDécrypte.

Son frère Paul s'amuse de la ténacité qu'affichait déjà le cadet, toujours désireux de découvrir de nouvelles activités : *« À 8 ans, il jouait au ping-pong avec moi, qui en avais 18. Il prenait des raclées mais il continuait. Il ne voulait pas s'arrêter tant qu'il n'avait pas gagné ou fait un mouvement qui lui permettait d'être satisfait. »* La fratrie entretient « une relation fantastique » qui, selon les dires du pilotes, a « construit son caractère ». Mais le

« déclic », comme il l'appelle, c'est bien en s'asseyant dans un karting que Pierre Gasly va le vivre. Ce sport est pratiqué par trois de ses frères, et il doit donc insister pour que sa famille soutienne son envie d'y participer au plus haut niveau, comme il le révélait auprès de HugoDécrypte : *« J'ai eu tout de suite cette envie de faire ce sport, j'ai dû pousser mes parents pendant deux ou trois ans pour leur montrer que j'avais vraiment envie de faire ce sport qui était très particulier. »* Mais de nouveau, la ténacité du jeune normand paie, et ses parents lui offrent un mini-kart, ce qui change la donne puisqu'ils décident de le lancer en compétition. Et cela change la dynamique au sein de la famille Gasly, qui s'unit derrière les débuts sur circuit du jeune pilote :

> *« Sans ma famille, jamais je n'aurais pu en arriver là où je suis. Je n'aurais même pas pu faire la moitié. C'est un sport qui demande énormément de temps, d'investissement, et ça a été un projet familial. J'ai quatre frères, je suis le petit dernier, ça a été un effort et des sacrifices de la part de tout le monde dans ma famille, et surtout de mes parents. »*

CHAPITRE 2

LES DÉBUTS EN KARTING À ANNEVILLE-AMBOURVILLE

Les débuts en compétition sont donc une suite logique pour Pierre Gasly en 2005, à l'âge de 9 ans. Une passion qui relègue immédiatement le football au second rang, car c'est derrière un volant que le pilote en devenir veut vivre sa vie :

> *« Ça a toujours été mon rêve, d'être pilote. J'ai grandi en regardant Michael Schumacher gagner les titres avec Ferrari, et je me suis dit que je voulais cette vie »*, poursuit-il auprès de HugoDécrypte, confirmant que son dévouement pour le sport automobile était total, et que l'appui de sa famille était encore crucial. *« Je suis un compétiteur, quand je fais quelque chose, soit je le fais à 100 % pour me donner toutes les chances d'y arriver, soit je ne le fais pas du tout. Et le karting,*

depuis tout petit je me suis dit que je faisais ça pour devenir le meilleur, pour y arriver. Et le fait de voir mes parents se donner autant pour moi, ça a été un peu gênant car je voyais les sacrifices et les risques. C'est une pression, mais c'est aussi une fierté et une chance de voir que mes parents ont vraiment tout donné pour moi. »

Les premières années en karting sont prometteuses, avec des résultats immédiats, qu'il s'agisse de podiums ou de victoires. Il sillonne les circuits de France grâce à une place gagnée en Coupe de France de mini-kart, mais c'est toujours au même endroit qu'il revient. Lorsqu'il n'y a pas de compétition, la famille Gasly passe ses week-ends sur le circuit d'Anneville-Ambourville, où le jeune Pierre s'entraîne, dans toutes les conditions météorologiques, tout au long de la journée. Il y rencontre un autre pilote au profil similaire et du même âge, Esteban Ocon. Les deux se croisent sur les circuits mais c'est dans leur Normandie natale qu'ils partagent des week-ends, hors des compétitions, pour parfaire leur talent. Ils se font vite remarquer par Didier Blot, entraîneur de jeunes pilotes, qui expliquait sur RTL les avoir accompagnés dès l'âge de 6 ans pour Ocon et 8 ans pour Gasly : « *Les deux tournaient inlassablement sur cette piste et enchaînaient les chronos. J'ai tout de suite vu qu'ils avaient quelque chose en plus* », déclarait le formateur, qui les regardait rouler « *qu'il pleuve, qu'il vente ou qu'il neige* ».

Mais comme le souligne Didier Blot, un des défis à relever pour ces jeunes talents et pour leur entourage est l'aspect financier du métier. « *Ça n'a pas été facile pour eux au début, car ils n'avaient pas d'argent. Mais ils avaient une chose que beaucoup d'autres n'avaient pas : le talent.* » Et c'est grâce à ce talent que la famille Gasly peut chercher des partenaires pour accompagner et financer la carrière en devenir de Pierre. Mais comme l'expliquait le principal concerné sur la chaîne HugoDécrypte, cela demande du temps et de l'implication à sa famille : « *Mes parents connaissaient ce milieu, et ils connaissaient les contraintes financières. Ma mère revenait du taf à 19 heures ou 20 heures et je la voyais chercher des sponsors pour que je puisse continuer mon rêve.* »

Dans un tel contexte, les obstacles sont difficiles à surmonter, mais les succès sont d'autant plus savoureux, car le jeune pilote est doublement satisfait de voir que ses efforts ne sont pas vains : « *J'étais fier quand j'arrivais à gagner. Déjà pour moi, car ça a toujours été mon plaisir de faire la course et de gagner, mais aussi pour pouvoir le partager avec eux et leur montrer que je faisais des efforts pour y arriver.* » Et c'est grâce à cette implication de tout son cercle proche qu'il parvient à se montrer sur les circuits, mais c'est aussi une enfance différente de celle de tous ses amis, avec un rythme qui l'empêche de suivre une scolarité normale : *« Dès l'âge de 11 ans, quand je suis arrivé en championnat de France, et après en championnat du monde, je ratais environ trois ou quatre mois d'école à l'année, et j'étais sans cesse en recherche de rattrapage, jusqu'à ce que la fédération crée cette école privée où j'avais des cours juste pour moi. Cela a pris beaucoup de temps, je m'investissais soit pour le sport, soit pour les études, et j'ai passé mon bac ES avant de partir en Angleterre pour Red Bull. »* Gasly se remémore donc *« une vie sociale un peu diminuée »* en comparaison de ses amis qui sont heureusement un vrai soutien :

> *« Il y a certaines choses que je n'ai pas pu vivre par rapport à mes amis. Mais je ne suis pas à plaindre car j'ai des amis en or, j'ai gardé cette fondation d'amis qui m'ont connu petit et qui ont toujours compris le sens de ma vie et ont toujours soutenu mes projets. »*

Dès l'âge de 11 ans, c'est donc une vie très différente qu'il découvre et qu'il embrasse, jonglant entre un quotidien d'adolescent en construction, un développement scolaire et le lancement d'une carrière en sport automobile. Un équilibre précaire aidé par une vie familiale et un cercle d'amis, qui est heureusement mis en relief par le fait que cette carrière parviendra ensuite à décoller :

> *« Je ne regrette rien, parce que ça a toujours été mon rêve, et j'ai la chance de vivre de ma passion, donc je ne changerais ça pour rien au monde. Mais c'est venu avec des sacrifices faits quand j'étais plus jeune, et heureusement, ça a fonctionné. Mais c'est vrai que je n'ai pas eu une enfance similaire à celle de mes amis. »*

C'est donc l'accompagnement de la Fédération française du sport automobile qui marque la professionnalisation de son parcours. Et ce pas en avant effectué en 2009 marque aussi une rupture supplémentaire avec le parcours d'un adolescent à la vie plus classique, même s'il sait à ce moment-là que c'est là que la différence se fait entre un pilote semi-professionnel et un champion en devenir. Il expliquait dans une interview auprès de Red Bull qu'il a vu cela comme une suite logique dans sa jeune carrière :

> *« Je suis parti à 13 ans de chez moi pour intégrer un "sport-études", assurer mes compétitions en kart et participer aux championnats de France, d'Europe puis du monde. C'est bien sûr un investissement personnel, dans la mesure où je n'avais*

pas la même vie que les gens de mon âge. Il y a une certaine rigueur à avoir quand on est sportif de haut niveau. On ne sort pas en boîte tous les week-ends, il faut faire attention à la nutrition, il faut s'entraîner tous les jours, être sérieux. Mais je ne prends pas cela comme des sacrifices. C'est ce que j'aime faire, et ça m'apporte le bonheur d'être là où j'ai toujours eu envie d'être. »

En parallèle de son intégration à la filière du sport automobile français, il signe dans une équipe officielle en karting, appartenant au fabricant Sodikart, et c'est là aussi un pas en avant vers la professionnalisation de son parcours. « *Tout s'est accéléré. Je me suis retrouvé confronté à un niveau extrêmement relevé et à des pilotes déterminés. Il a fallu que je passe un cap* », rappelait-il dans les colonnes d'*Auto Hebdo*. L'accompagnement de sa nouvelle équipe est alors crucial pour apprendre le métier de pilote au plus près de l'étape suivante, qui est le passage en monoplace. Grâce à sa nouvelle équipe, il peut percevoir la complexité de la compétition automobile, car le haut de la pyramide en karting prépare à ce qui deviendra ensuite la norme en monoplace :

« *Gildas Mérian, le directeur de Sodikart, et Nicola de Cola, le team manager, m'ont appris beaucoup de choses. Ils me poussaient à réfléchir sur la meilleure manière d'atteindre mes objectifs. J'ai compris très tôt que viser un excellent niveau de performance et un bon résultat, cela se construisait au fil du week-end, en ne laissant rien au hasard : essais, réglages, stratégies, départs, accrochages à éviter… la pression était forte, mais bénéfique. Cela sous-entendait d'être constamment à 100 %, en matière de pilotage comme dans la tête. Cela m'a fait beaucoup grandir.* »

Sur le podium en championnat monde junior et en championnat de France, il intègre en 2010 l'équipe de France de karting. Il peut alors se battre avec son ami Anthoine Hubert, qu'il connait depuis ses huit ans, et Charles Leclerc, avec qui il va nouer une relation particulière car leurs destins vont se croiser au fil des marches qui mènent à la Formule 1. Mais c'est bien Gasly qui s'impose et décroche le titre de champion de France de karting, tandis qu'à l'échelle européenne, il affronte également des pilotes qui deviendront ses rivaux au plus haut niveau. Il termine la saison vice-champion derrière Alexander Albon, et trois places devant Max Verstappen. Il termine quatrième de la Coupe du monde cette année-là, et sa plongée décevante au niveau du championnat du monde n'effraie pas la FFSA qui décide de le soutenir pour la saison 2011. Pas question de redoubler en karting, il est décidé par les cadres du programme d'accompagnement de la fédération que Pierre Gasly fera ses débuts en monoplace.

CHAPITRE 3

DES VICTOIRES DÈS LES DÉBUTS EN MONOPLACE

Cette année 2011 marque pour Pierre Gasly un grand changement, tant derrière le volant que dans sa vie quotidienne. Il déménage au Mans pour disputer le championnat de France de Formule 4, porte d'entrée très compétitive vers la monoplace. Il est logé dans un internat catholique proche des infrastructures qui vont lui permettre de développer sa carrière de pilote, et il est heureux de retrouver Anthoine Hubert comme camarade de chambrée, car la FFSA a développé spécialement pour eux un cursus de sport études dès le collège. En piste, il conserve son approche ultra compétitive et il est rapidement récompensé. Malgré deux premiers meetings difficiles durant lesquels il affiche une vitesse naturelle mais commet des erreurs de jeunesse, il monte rapidement en puissance. C'est sur le très sélectif circuit de Pau qu'il monte pour la première fois sur le podium, mais le rendez-vous au val de Vienne se montre à nouveau décevant, si bien qu'il n'a que 27 points après quatre des sept meetings de la saison, là où les meilleurs pilotes ont inscrit plus du triple de ses points.

Heureusement, la situation évolue rapidement. Comme l'expliquait Christophe Lollier à *Auto Hebdo*, c'est le travail abattu par Gasly qui lui a permis de progresser si vite :

> « *Il était en relation très directe avec les ingénieurs car il se montrait très intéressé,* se souvenait le directeur technique national (DTN) à la FFSA. *Il faisait partie de ceux qui ne supportaient pas d'avoir quelqu'un devant. Il fallait qu'il ait les réponses pour la manche suivante s'il n'était pas en tête. […] Ce qu'il faut bien comprendre, c'est qu'aller vite, beaucoup sont capables de le faire. À cet aspect-là s'ajoute depuis quelques années la nécessité de disposer d'un certain charisme pour les sponsors et les médias, ce qui n'est pas un souci pour lui. Quant au troisième aspect, plus rare, il réside dans la capacité à bosser plus que les autres, pour être le meilleur. Ils sont peu nombreux dans ce cas et lui en était capable.* »

Un travail acharné qui le consacre enfin lors de l'escale belge de ce championnat français, à Spa-Francorchamps, où Gasly termine deuxième de la première course du week-end et remporte sa première victoire lors de la deuxième le lendemain. Sur le circuit d'Albi, il termine troisième puis premier, et il signe un doublé au Castellet avec la pole position et la victoire lors des deux courses. Son début de saison lui a coûté le titre, mais à 15 ans seulement, c'est surtout sa maturité et sa troisième place au championnat qui marquent les observateurs. Parmi eux, on trouve Mathieu Zangarelli, ancien pilote devenu coach pour la fédération sous l'égide de Christophe Lollier. Ayant été vice-champion de plusieurs catégories de monoplace et s'étant exilé une année dans le réputé championnat japonais de F3, Mathieu Zangarelli a un parcours qui fait écho à celui de Gasly et c'est donc tout naturellement qu'il devient son entraîneur. Il a accepté de se replonger dans cette collaboration pour enrichir les lignes de ce livre, et il se souvient notamment de sa première rencontre avec le jeune pilote.

« C'était à la toute fin de l'année 2011, il faisait ses premiers roulages en F4 avec la fédération, sur le circuit Maison Blanche du Mans. Dans le cadre de cette journée, j'avais été amené à l'encadrer, et ça a été une matinée très agréable car j'ai tout de suite noté sa manière très

mature d'interagir avec des adultes. Il était extrêmement mature pour son âge, avec une vitesse de pointe naturelle, avec quelques ajustements à trouver au niveau du pilotage mais on sentait que la vitesse était là », raconte Mathieu Zangarelli, dont les commentaires s'alignent sur ceux des autres encadrants du jeune Français :

> « *Mais ce qui m'a le plus surpris, c'est son niveau d'implication, de motivation ; il nous questionnait beaucoup pour essayer de comprendre ce qu'on lui demandait, et pourquoi on lui demandait cela. Ce qui m'a le plus interpellé au départ, c'est son niveau de maturité. Il devait avoir 15 ans, car il allait commencer en Eurocup l'année suivante et il fallait avoir 16 ans pour cela, donc il avait 15 ans.* »

La manière d'être de Pierre Gasly dénote déjà de celle de ses camarades sur les circuits, et son nouveau coach est rapidement impressionné, dès le premier jour à l'observer sur un circuit pendant une séance d'essais en fin d'année 2011 :

> « *Je dirais que lors de cette première journée, c'est plus sa personnalité qui m'a interpellé, plus que la vitesse pure. Cela ne veut pas dire qu'il n'était pas performant, c'était déjà très bien. Mais ce qui*

était encore mieux, c'est que quand il y avait des choses à corriger, ça se corrigeait très vite. Mais c'était aussi lié au fait qu'il était à l'écoute, car il essayait de comprendre pourquoi on lui demandait des modifications, et l'application était immédiate. Je me suis assez rapidement dit que ce gamin était atypique. »

Mais si Mathieu Zangarelli est présent pour ces roulages de fin de saison, ce n'est pas seulement pour observer Gasly et Hubert, qu'il doit superviser en 2012. Il y est car la fédération veut faire progresser Pierre et lui offrir une saison en Eurocup Formule Renault, mais pas sans avoir davantage de compréhension de son état d'esprit et de son niveau professionnel. C'est pour ça que Mathieu Zangarelli est officiellement recruté afin de devenir le coach du talent le plus prometteur de la fédération à ce moment :

« Le responsable de la FFSA Academy à l'époque, Christophe Lollier, et l'ancien directeur technique national Morgan Caron m'ont contacté pour accompagner Pierre sur sa première saison en Eurocup Formule Renault. Il allait avoir 16 ans, donc je devais faire du tutorat car il n'était pas majeur et je l'étais, et il fallait être présent. L'idée n'était pas que ses parents soient

tout le temps présents, mais qu'il soit engagé plus professionnellement que sur le plan familial. Et il fallait une approche et une connaissance sportive de la part de l'encadrant. La mission m'a donc été proposée, et comme j'avais eu une bonne accroche lors de cette fameuse de journée de fin 2011, j'étais enthousiaste de commencer cette mission. »

La saison 2012 commence donc aux côtés d'un entraîneur qui est aussi le garant de sa professionnalisation, car il lui fait découvrir de nombreux rouages du métier. Parmi ceux-ci, la complexité qu'induisent les calendriers denses des championnats de monoplace à l'échelle européenne :

« Sur le plan logistique pour commencer, on voyageait ensemble, c'est moi qui l'accompagnais. Il ne se baladait jamais seul, on était toujours ensemble au restaurant, à l'hôtel, etc. Et j'avais une présence sur circuit, pas forcément dans un rôle de management car je n'orientais pas ses choix de carrière, même si on pouvait en discuter, mais plutôt pour le conseiller au niveau du pilotage, avec pour objectif la professionnalisation. L'objectif pour lui était de faire de la F1, et c'est super d'avoir ces objectifs quand on a le talent

pour y parvenir. Mais pour que ce soit le cas, il faut avoir une approche professionnelle et structurée, et je sentais que c'était envisageable dans son évolution, compte tenu de la maturité qu'il avait. »

La saison 2012 d'Eurocup Formula Renault 2.0 est dominée par Stoffel Vandoorne et Daniil Kvyat, qui se disputent le titre et remportent à eux deux 12 des 14 courses de la saison. Du côté de Gasly, les enjeux commencent à être nombreux car il a aussi éveillé l'intérêt de Red Bull, qui a posé une option sur lui et réfléchit à l'engager en 2013 au sein de sa filière. Le Dr Helmut Marko, conseiller du géant de la boisson pour les sports mécaniques et la détection de jeunes talents, lui propose donc une année d'évaluation. Pour un Pierre Gasly soutenu par la FFSA mais dont l'ascension est déjà très rapide, un tel soutien serait évidemment crucial, notamment en matière de financement de la suite de sa carrière. Mais en piste, les résultats sont mitigés. Le circuit de Spa-Francorchamps est encore un rendez-vous apprécié du tricolore qui y signe son premier podium en Eurocup, avant de réitérer sur le Nürburgring. Mathieu Zangarelli voit rapidement le potentiel de son protégé, même si trop de paramètres entrent en jeu pour dire s'il sera capable d'atteindre la catégorie reine du sport auto :

« Les étapes sont complexes, il y a une partie financière qui est incontournable, donc c'était trop tôt pour se dire que le projet en était là. Mais il a démontré très rapidement une vitesse de pointe forte, malgré une certaine inconstance. C'était donc une année assez complexe pour lui, car il avait une option de contrat avec Red Bull. Et quand on a 16 ans et une option de contrat avec Red Bull, qu'on porte le casque avec le taureau rouge dessus, on se projette assez rapidement dans le fait que cette option se concrétise. Dès les premières courses, il a fait des choses surprenantes. Outre le fait de passer du temps dans le stand, en bord de piste ou dans le camion, je me souviens que je regardais les écrans, je voyais les temps tomber et j'étais surpris qu'il claque des temps comme ça. Je me suis quand même dit que c'était un peu en dehors de la norme, il ne roulait pas depuis longtemps et il avait une saison de F4 derrière lui. On m'avait dit que c'était un gamin intelligent et brillant, mais j'ai vu qu'il pouvait sortir cela, donc j'ai fait des comparaisons. J'avais eu l'occasion de travailler avec des jeunes pilotes et de piloter moi-même, et j'ai vu des choses que j'avais été incapable de faire à titre personnel. J'ai vu des choses que des pilotes avec qui j'avais travaillé, et qui avaient pourtant réussi de belles choses,

> *n'arrivaient pas à faire. Et je me suis dit qu'il y avait matière à réussir de belles choses.»*

Mais la suite de la saison est bien plus délicate, et il termine dixième du championnat, ce qui n'est pas une mauvaise entrée en matière mais reste insuffisant pour décrocher le graal, à savoir le soutien de Red Bull. Helmut Marko rétracte son offre, expliquant qu'il n'a pas été convaincu, et suspend son soutien sans toutefois en faire une décision définitive. Gasly dira un an plus tard dans *Auto Hebdo* qu'il n'a *«pas spécialement nourri de regrets»* après cet épisode. *«Ils m'ont expliqué que leur filière n'allait plus descendre au niveau de la FR 2.0 et qu'ils souhaitaient investir davantage en Formule Renault 3.5, et bien sûr en F1. Ils ont été très francs aussi en me disant qu'ils attendaient une meilleure saison de ma part.»* Un pragmatisme à posteriori qui n'empêche pas une grande inquiétude sur le moment, car cela peut potentiellement remettre en cause l'ensemble de sa carrière.

> *«Je me souviens de ce jour-là car Pierre m'a appelé en pleurs, nous raconte Mathieu Zangarelli. J'ai senti immédiatement que la réponse ne devait pas être positive, et le ciel venait de lui tomber sur la tête. Pour lui, il n'y avait pas d'avenir. Donc il a fallu lui sortir cela de l'esprit, pour lui faire*

comprendre qu'il pouvait exister un avenir sans Red Bull, au moins à court terme. Et les choses se sont mises en place pour monter une autre saison de Formule Renault Eurocup, avec un niveau très élevé qui était connu dans ce championnat. Il l'a faite avec Tech1 Racing, qui était prête à faire des efforts financiers pour l'accueillir. »

CHAPITRE 4

UNE AUTRE ANNÉE POUR CONVAINCRE RED BULL

Chez Tech1 Racing, équipe fondée par les pilotes Sarah et Simon Abadie, Gasly se sent parfaitement à son aise, et il impressionne ses nouveaux employeurs. *« Il travaille toujours le détail, ça fait partie de sa signature »*, saluait Sarah Abadie après cette saison ponctuée de succès. En effet, le pilote qui a désormais 17 ans signe d'entrée de jeu un podium en Aragón, lors de la course inaugurale de la saison. En Belgique, comme c'est devenu la tradition, il est de nouveau très à l'aise et termine deuxième des deux courses organisées à Spa. Après plus d'une année sans victoire, il retrouve la plus haute marche du podium à Moscou, et gagne de nouveau sur le Hungaroring et au Castellet. Avec un seul abandon sur l'ensemble de la saison et huit podiums – dont trois victoires – en 14 courses, il décroche le titre en FR 2.0 devant Oliver Rowland et Esteban Ocon.

Une performance qui n'est pas sans conséquences positives, puisqu'elle convainc Helmut Marko, pourtant jugé intraitable, de revenir sur sa décision et d'offrir son soutien à Gasly pour la suite de sa carrière, qui s'écrit désormais en Formule Renault 3.5. Mathieu Zangarelli se souvient de l'impact de ce changement d'avis sur le jeune pilote, un an après avoir été lâché par le géant autrichien :

> *« La plus belle réponse qu'il a pu donner, ce qui montrait aussi sa force de caractère, c'était de gagner le championnat et de redonner envie à Red Bull de le réintégrer. C'est ce qu'il a réussi à faire, donc ça a été une année très positive qui lui a donné la confiance et la légitimité pour intégrer la filière. Et il avait pris conscience très vite dans sa collaboration avec Red Bull que tout pouvait s'arrêter vite et qu'il ne fallait jamais se relâcher. »*

La collaboration entre Pierre Gasly et Red Bull s'intensifie rapidement puisqu'il signe avec Arden International pour ses débuts en FR 3.5, une équipe fondée par Christian Horner, le directeur de Red Bull Racing en F1 et gérée par Gerry Horner, le père de Christian. Rapidement, le Français se montre à l'aise dans ces monoplaces conçues par Dallara, pesant à peine plus de 600 kilos et motorisées par un V8

Zytek-Renault de plus de 530 chevaux, qui marquent un vrai rapprochement avec le défi que serait par la suite la Formule 1. Mais depuis l'année précédente déjà, la pression était perceptible à la fois par le besoin de résultats, mais aussi par la présence dans le quotidien du pilote de Red Bull, qui changeait forcément son approche et la manière dont il gérait sa jeune carrière.

> *« Quand tout allait bien, ce n'était pas difficile, mais quand la performance n'était pas au rendez-vous, ça pouvait générer de la pression,* se souvient Mathieu Zangarelli. *On ne la sent pas immédiatement, mais on voit des réactions qui sont parfois exagérées, sur le sportif ou sur l'encadrement familial, car la pression financière était là aussi. Et quand on cumule la pression sportive, la pression du résultat et la pression financière, il y a des moments où ça devient compliqué. »*

La saison 2014 n'est pas couronnée de victoires, mais elle n'est pas pour autant décevante, car Gasly fait encore étalage de son talent face à un adversaire des plus coriaces en la personne de Carlos Sainz Jr. Fils de champion du monde des rallyes, l'Espagnol est lui aussi soutenu par Red Bull, et les deux pilotes font briller la marque au taureau rouge, d'autant que le championnat est un véritable succès populaire. Le défi n'est pas totalement équitable car Sainz a déjà disputé près d'une demi-saison en FR 3.5 l'année précédente, et cela se voit dans la manière dont il enchaîne les succès et les résultats solides. Mais Gasly n'est pas en reste avec un podium dès la première course à Monza, et un autre en Aragón. La catégorie fait même une escale commune avec la Formule 1 pour la très prestigieuse manche de Monaco fin mai, durant laquelle un autre Français s'illustre : Norman Nato.

Red Bull en profite aussi pour prendre davantage sous son aile son nouveau protégé, ce qui pousse son entourage en retrait, à commencer par Mathieu Zangarelli. Ce dernier se souvient d'une mise en retrait toutefois assez naturelle, qui ne l'empêchait pas de rester proche de Gasly :

> *« Cette année-là, il y a eu une demande de Red Bull de le laisser livré à lui-même, sans encadrant. Il avait 18 ans, il avait la capacité logistique de se déplacer, donc je ne l'ai pas trop accompagné. J'ai dû faire quelques tests en début d'année, mais je n'ai pas été très présent dans la saison en FR 3.5. Encore une fois, il a donc montré une belle vitesse de pointe et une très bonne adaptation à des monoplaces bien plus performantes. Donc je n'étais pas présent physiquement, même si on s'appelait souvent et qu'on discutait encore. »*

Durant la suite de la saison, Pierre Gasly s'illustre en se mesurant très souvent à Sainz et en montant à huit reprises sur le podium sur les dix-sept courses que comporte la saison, le tout sans abandonner une seule fois. Sa fin de saison est particulièrement chargée puisqu'il est aussi envoyé en GP2 pour découvrir l'antichambre de la F1. Et pour cause, c'est son rival espagnol qui est promu en catégorie reine pour la saison 2015 avec Toro Rosso. Pour Gasly, ce sera encore au moins une année en formules de promotion, car Red Bull veut parfaire sa formation et le jauger une année supplémentaire, après une ascension rapide. Une porte a failli s'ouvrir pour le Français quand Sebastian Vettel a annoncé son départ de Red Bull pour Ferrari, entraînant la promotion de Daniil Kvyat dans l'équipe première. Mais Helmut Marko a déjà fait un autre choix que celui de promouvoir Gasly en même temps que Sainz, et il rapatrie le très prometteur Max Verstappen, qui vient de disputer sa première saison en monoplace, et le propulse immédiatement en Formule 1 pour la saison suivante. Un revers qui ne décourage pas l'inamovible Français, qui expliquait à *Auto Hebdo* ne pas en faire cas : *« La décision de Red Bull ne m'a pas démoralisé. Je me suis dit qu'il fallait simplement travailler encore plus. »*

CHAPITRE 5

UN PAS VERS LA FORMULE 1

La saison 2015 constitue pour Pierre Gasly un tournant exigeant avec un programme complet en GP2, faisant suite à ses premières incursions dans la discipline. Engagé chez DAMS aux côtés d'Alex Lynn, il s'élance avec l'ambition de prouver son potentiel sur le dernier palier avant la Formule 1, de conjuguer vitesse et sang-froid dans un contexte de plus en plus exigeant. Dès les essais de décembre 2014, il envoie un signal fort avec le meilleur temps. Quelques mois plus tard, à Bahreïn, il réitère la performance lors des essais officiels de pré-saison. La pointe de vitesse semble être là, il faut désormais confirmer avec la constance et la science de la course qu'il développe depuis plusieurs années au fil de sa progression. Et de nouveau, il doit confirmer son adaptation au giron Red Bull, et il est livré à lui-même auprès de ses mentors, et notamment Helmut Marko.

Mais le démarrage de la saison se montre plus délicat, avec des courses compliquées à Bahreïn et aucun point du week-end. En Espagne, il signe deux entrées dans les points dont un podium en course sprint. À Monaco, une sortie de piste en qualifications ruine son week-end et il ne peut pas atteindre le top 10 sur un circuit où les dépassements sont du domaine de l'impossible. C'est un apprentissage à la dure, le GP2 représentant un pas en avant important pour tout pilote, et la gestion de course beaucoup plus proche de celle de la F1 est évidemment une difficulté supplémentaire. Début juillet, il recroise son ancien coach de la FFSA, qui perçoit que le jeune pilote doute et qu'il a besoin d'être davantage soutenu.

> « *Il y avait eu de bons essais hivernaux, mais le début de saison a été assez complexe. J'ai suivi ça mais sans être impliqué, mais j'intervenais pour la fédération et je voyais Pierre régulièrement,* raconte Mathieu Zangarelli. *Début juillet, je le vois lors d'un stage, et l'on fait un entretien avec la psychologue du sport avec qui on avait l'habitude de travailler à l'époque. Pierre était dans une situation sportive complexe, et là, je ne le reconnais pas. Il était très affecté, un peu dans l'impasse, rien à voir avec la confiance et la motivation qu'il avait pu démontrer jusque-là, qui nous*

permettait de le voir très serein. Je me suis dit qu'il y avait un problème de fond, donc on a fini l'entretien, j'ai essayé de comprendre ce qui n'allait pas dans sa saison, une discussion assez intéressante. Et deux ou trois jours après, il m'appelle et me demande si je suis disponible pour revenir avec lui pour la fin d'année, me dit qu'il a besoin de comprendre ce qui ne va pas, et d'avoir ma vision de ce qui ne va pas. Je me suis donc beaucoup plus impliqué dans le deuxième semestre, je me suis déplacé à toutes les courses et ça a duré toute la fin de la saison 2015. »

Peu à peu, la compréhension du championnat s'installe. À Spielberg, en Autriche, il inscrit d'autres points avec une sixième place en course sprint, mais la course principale est encore décevante. À Silverstone, une première éclaircie plus nette se dessine. Quatrième en course principale, il remonte une nouvelle fois sur le podium, mais c'est l'été qui marque un véritable tournant avec un premier podium en course principale. En Hongrie, sur le circuit sinueux du Hungaroring, Gasly signe l'une de ses plus belles courses de l'année. Parti cinquième de la course principale, il grimpe jusqu'à la deuxième place et offre un doublé à DAMS derrière son coéquipier Alex Lynn. Cette fois, la performance de Gasly est complète, avec une gestion des pneus qui commence à être mieux suivie et une maturité en course qui lui permet de prendre les bonnes décisions au bon moment. Le week-end de la Belgique est à oublier, mais au retour de la pause estivale, les choses vont bien mieux.

C'est à Monza qu'un déblocage s'effectue, puisque Gasly y signe sa première pole position en GP2. L'instant est fondateur, presque cathartique. Pourtant, les choses sont plus compliquées lors des deux courses, notamment à cause de l'usure des pneus, et il n'inscrit aucun point du week-end.

À Sotchi, en Russie, le tracé du parc olympique semble à nouveau lui convenir. Dans la course principale, il se classe deuxième derrière Alexander Rossi avec de nouveau une gestion des pneus qu'il commence à toucher du doigt. Le lendemain, bien que ne terminant pas sur le podium, il signe le meilleur tour de la course sprint. Les signes de maturité se multiplient en cette fin de saison. À Bahreïn, en novembre, il s'impose une nouvelle fois en qualification, arrachant sa deuxième pole position. Mais en course, il est sixième le samedi et septième le dimanche. Abu Dhabi offre un baroud d'honneur qui est aussi la dernière chance de confirmer un programme pour 2016, et de conserver le soutien de Red Bull. Gasly s'illustre en qualifications et signe sa troisième pole position en quatre épreuves. Mais la course est décidément un exercice plus complexe, et dans la course principale, une dégradation excessive des gommes le contraint à une cinquième place. La course du dimanche tourne à la catastrophe, puisqu'il part en tête-à-queue à la sortie du deuxième virage et déclenche une réaction en chaîne impliquant Norman Nato, Sean Gelael, Daniel de Jong, Nicholas Latifi et Artem Markelov. L'accident abîme assez les barrières pour que la course soit finalement annulée.

Le choix de DAMS pour 2015 était stratégique pour sa première année dans la discipline, avec une équipe réputée, des ressources solides et un environnement propice à son apprentissage. Gasly termine huitième du championnat, mais sa fin de saison est positive et le moral du Français remonte, comme l'explique celui qui est revenu à ses côtés : *« Il a enchaîné les pole positions, il avait encore quelques difficultés avec les pneumatiques, mais il avait de la vitesse et ça a dû lui donner confiance. On a donc passé un accord pour 2016 avec Prema Racing, une équipe qui arrivait dans le championnat GP2, il a gardé le soutien de Red Bull, de peu mais il l'a gardé »*, poursuit Mathieu Zangarelli. Et c'est donc dans ces conditions, pas parfaites mais plutôt solides, qu'il s'apprête à repartir à la recherche d'un titre crucial pour sa carrière.

CHAPITRE 6

UN PARI POUR LA DEUXIÈME TENTATIVE

La saison 2016 de GP2 s'ouvre donc dans un climat d'ambition claire pour Pierre Gasly. Après une première année prometteuse mais sans victoire, le fait de signer chez Prema Racing, une écurie qui débute tout juste dans la catégorie mais se montre déterminée à jouer les premiers rôles immédiatement, est un nouveau départ. Son coéquipier est désormais Antonio Giovinazzi, et il constitue un adversaire de taille. Avant de rejoindre le GP2, l'Italien a passé trois saisons en Championnat européen de Formule 3, avec une 17e place en 2013, et une sixième en 2014 avec deux victoires à son actif. Jouissant d'une cote de popularité importante, il réalise de nouveau une saison solide en Formule 3 européenne en 2015, terminant vice-champion avec six victoires et quatre pole positions. Il s'illustre aussi lors du prestigieux événement Masters of Formula 3 à Zandvoort, qu'il gagne devant le jeune protégé de Mercedes, George Russell.

C'est donc un équipier et rival qui sera dans l'autre garage face à Gasly, mais le Français a aussi des atouts de son côté, et notamment le soutien de Red Bull, ainsi que celui de son ancien coach, Mathieu Zangarelli, qui revient à ses côtés à temps plein : *« Oui, toute la saison. Depuis mi-2015 jusqu'à fin 2016, je pense avoir fait tous ses déplacements, sauf en cas de clash avec un autre besoin d'accompagnement avec un autre pilote »*, se souvient le coach, qui avait noté le retour d'une confiance rassurante chez son protégé.

> *« Oui, complètement, sur la fin de l'année 2015 déjà, on sentait qu'il y avait un peu de baume au cœur. Et je crois que le projet avec Prema Racing l'intéressait, même s'il était risqué car ils arrivaient seulement en GP2. Mais ils arrivaient avec quelques personnes solides qui avaient fait leurs preuves dans d'autres équipes, et Prema arrivait avec les moyens de ses ambitions. Ils avaient l'envie de performer avec un line-up intéressant, puisqu'il avait Antonio Giovinazzi comme coéquipier, qui est aujourd'hui pilote pour Ferrari en endurance. Il a donc retrouvé une place de leader dans l'équipe, et c'était quelque chose qu'il*

affectionnait particulièrement. C'est un leader, mais il le fait avec beaucoup d'intelligence, car il arrive à imposer ses décisions sans forcément être maladroit, donc c'est assez brillant. Cette année a été très bonne, la concurrence a été solide car Giovinazzi a fait un très bon travail, et ça l'a poussé dans ses retranchements. Mais il a trouvé les clés. »

Et en effet, Gasly se montre à son avantage à Barcelone pour l'ouverture de la saison, avec deux podiums, tandis que l'autre voiture de Prema termine une seule des deux courses, et à la 18e position. Le week-end de Monaco est difficile pour la jeune structure italienne, qui n'inscrit aucun point en Principauté. En Azerbaïdjan, c'est Giovinazzi qui fait un week-end parfait et remporte les deux courses sur le tout nouveau circuit de Bakou, Gasly permettant un doublé le dimanche.

En Autriche, Prema enregistre un double abandon en course principale et une double entrée dans les points le lendemain. Mais le tournant de la saison arrive à Silverstone, où Gasly remporte sa première victoire dans la course principale. Parti depuis la deuxième position, il parvient à prendre l'avantage grâce à la stratégie, avec un arrêt anticipé lui demandant une gestion des pneus particulièrement poussée pour s'imposer avec près de dix secondes d'avance sur Giovinazzi. Ce premier succès représente un nouveau doublé pour Prema, et malgré une deuxième course moins bonne, l'équipe et son duo de pilotes semblent avoir franchi un cap. Une impression qui se confirme dès le week-end suivant sur le tracé du Hungaroring, où Gasly confirme qu'il est en mesure de maintenir le cap. Il décroche la pole position, contrôle la course dès le départ et remporte une victoire nette devant Giovinazzi. Prema signe un troisième one-two en quatre week-ends et la confiance gagne les rangs du team, notamment chez Gasly. Ensuite vient Spa-Francorchamps, où il livre une prestation pleine : dépassant Gustav Malja dès les premiers tours, effectuant ses arrêts avec précision, revenant dans le rythme après son stop, il finit une nouvelle fois devant Giovinazzi.

Troisième de la course principale à Hockenheim, il est victime d'un incident malheureux puisque son extincteur se déclenche dans la voiture après qu'il a passé la ligne d'arrivée, provoquant sa disqualification de la course principale. En Belgique, Prema réalise un coup double avec un succès pour Gasly le samedi et pour Giovinazzi le dimanche.

Giovinazzi, de son côté, brille à domicile à Monza dans des conditions particulières, après avoir été rétrogradé sur la grille pour une infraction relative à la pression des pneus, puis profité d'une situation de Safety Car pour remonter et s'imposer dans la course principale, devant un public évidemment enthousiaste. Prema place ses deux pilotes sur le podium le dimanche pour compléter un week-end solide qui la met en position d'être sacrée championne au classement par équipes. L'avant-dernier week-end de la saison se déroule en Malaisie et, hors abandons, Gasly signe son plus mauvais résultat depuis Monaco avec une 11e position en course principale, à cause d'un départ raté. Dans le même temps, son équipier est sur la plus haute marche, mais le tricolore se rattrape le lendemain avec une belle remontée qui lui permet d'arracher un podium en course sprint.

La conclusion de la saison se joue à Abu Dhabi. Avant le dernier week-end, Gasly pointe à sept points de Giovinazzi. Il signe la pole, domine la course principale et s'impose, ce qui lui permet de reprendre la tête du championnat avec une avance de 12 points. Le lendemain, lors de la course sprint, Gasly est neuvième tandis que Giovinazzi termine sixième, ne marquant que quatre points. Avec 219 points, Pierre remporte le titre après une saison qu'il d'écrit comme « fantastique », dans une interview pour le site France Racing. « *Décrocher le titre dans ce championnat, c'est super.*

C'est le meilleur titre dans ma carrière. Ça a été beaucoup de travail pour en arriver là. Il s'agit d'une catégorie très compliquée.»

Mais la joie n'est pas totale, car même s'il estime que la F1 doit être «la prochaine étape» de sa carrière, il se retrouve face à un problème de taille : Red Bull a confirmé Carlos Sainz et Daniil Kvyat pour la saison 2017 chez Toro Rosso, plutôt que de donner sa chance à Gasly, qui va devoir parfaire sa *«préparation pour la Formule 1»* en attendant d'avoir sa chance : *«L'objectif est d'y accéder le plus rapidement. Mais il faut un baquet de disponible. Donc je dois me préparer au mieux pour être prêt à saisir une opportunité.»*

De nouveau, Mathieu Zangarelli s'engage alors à suivre le jeune pilote dans son nouveau défi, car celui-ci va l'amener vers un championnat très différent, et géographiquement très éloigné et dépaysant : *«À la fin de l'année 2016, on a évoqué la transition qui était proposée avec la Super Formula au Japon, puisqu'il n'y avait pas d'opportunité à ce moment-là en F1. Et je l'ai accompagné sur la moitié des courses, voire les deux tiers, au Japon.»* Outre ce nouveau championnat à découvrir, il est aussi nommé pilote de réserve pour Red Bull en Formule 1, ce qui ne lui garantit aucunement de rouler au volant d'une monoplace en catégorie reine.

CHAPITRE 7

EXIL AU JAPON ET ACCOMPLISSEMENT D'UN RÊVE

La Super Formula est un championnat de monoplaces japonais soutenu par Toyota et Honda, qui est réputé pour avoir des voitures de pointe, mais aussi des pilotes qui connaissent par cœur les circuits locaux, le climat et les conditions de course. Cela en fait des adversaires redoutables, même pour les pilotes les plus aguerris en Europe, qui doivent les affronter sur leur terrain, dans un contexte qui les favorise. C'est le Team Mugen, une des équipes principales de Honda, qui accueille Pierre Gasly pour cette saison 2017, toujours sous les couleurs de Red Bull, laquelle compte appuyer sa transition jusqu'à la Formule 1 et espère le voir surnager dans des conditions qui mettront ses nerfs à l'épreuve, avec un éloignement de ses racines qui a de quoi l'affecter. Et en parallèle, il faut aussi digérer la déception de voir la porte de la Formule 1 se fermer, pour tirer le maximum de ce plan B.

> *« Certainement, ça a dû l'affecter parce que dans toute sa carrière au sein de Red Bull, il y avait eu la première année de contrat non levée pour être ensuite réintégré, puis en arrivant avec des titres de champion aux portes de la F1, sur le papier il pensait cocher les cases. Mais il n'a toujours pas été choisi et c'était une déception supplémentaire,* détaille Mathieu Zangarelli. *Je crois que ça l'a forgé, ça l'a aidé à faire face aux difficultés et à y trouver des réponses. Le challenge au Japon était complexe, on ne connait pas les tracés, il y a un niveau relevé, ils roulent tous là-bas depuis qu'ils sont gamins, les voitures sont pointues, donc il y a plein de choses qui font que c'est casse-gueule. Les premiers tests ont été pertinents, le début de saison a été un peu complexe, mais il a vite trouvé les clés de fonctionnement avec son équipe. Notamment avec son ingénieur, qui était ouvert à une collaboration plus européenne. »*

En effet, le début de saison s'est montré difficile, avec une adaptation qui doit se faire coûte que coûte. Dixième à Suzuka, sur un circuit qu'il découvre, il se classe dixième d'une course où seuls les huit premiers sont récompensés par des points. Sur le circuit de Ti Aida, aussi appelé Okayama, c'est un week-end à deux courses qui se déroule, et la première voit

Gasly terminer 19e. Septième lors de la deuxième course, il inscrit son premier point en championnat. Heureusement, comme le raconte Mathieu Zangarelli, la collaboration entre le pilote et son ingénieur de course lui permet de rapidement progresser :

> *« Il y a eu beaucoup de franchise dès le départ dans leurs échanges, ils ont compris une relation de confiance, trouvé de la performance et il a commencé à gagner des courses et se placer au championnat. »*

Et en effet, après une cinquième place à Fuji, il enchaîne deux victoires à Motegi et Autopolis, ce qui le replace grandement dans la course au titre mondial. Pendant la pause entre Fuji et Motegi, le Français s'exile du Japon vers les États-Unis pour aller disputer la manche de New York en championnat du monde de Formule E. Il y remplace Sébastien Buemi et ne tarde pas à se mettre dans le rythme malgré une préparation se résumant à une journée dans le simulateur.

> *« C'est très différent de la Formule 1 ou de la Super Formula,* détaille le pilote dans unc interview pour Red Bull. *Il y a beaucoup moins d'appui aérodynamique, des pneus de série avec moins de grip et les voitures sont plus lourdes avec*

les batteries derrière. Il y a beaucoup de gestion d'énergie pendant les courses. J'avais pas mal de choses à apprendre. Le week-end a été vraiment chargé. On a beaucoup travaillé avec l'équipe pour essayer de faire au mieux avec le temps qu'on avait. Finalement, on s'est bien débrouillés. »

En effet, il voyage la veille du premier E-Prix du week-end, devant apprendre le tracé et peaufiner le fonctionnement de la monoplace dans l'avion, et arrive à 1 heure du matin à l'hôtel pour être sur le circuit à 6 heures du matin. Malgré cette semaine éreintante et chaotique, il termine septième de la course du samedi alors qu'il s'est élancé dernier, et au pied du podium le lendemain. De quoi prouver à Red Bull, qui a autorisé la requête de Renault e.dams de l'engager pour un week-end, qu'il possède une capacité d'adaptation importante :

« C'est toujours bien de montrer que je suis capable de m'adapter rapidement. Je peux être rapidement dans l'action, même quand je ne connais pas l'environnement, la voiture ou les conditions. Ça reste une discipline différente, mais c'est bien de pouvoir montrer ce genre de chose. »

Après ce qu'il décrit lui-même comme un « one shot », il revient au Japon en août pour enchaîner ses deux victoires, ainsi qu'une deuxième place sur le tracé pourtant technique de Sugo. Grâce à ce nouveau très bon résultat, il remonte à un demi-point du leader du championnat, alors qu'il ne reste qu'un double week-end à disputer à Suzuka, prévu un mois plus tard. Entretemps, il confirme avoir discuté de son avenir avec Helmut Marko et ses chances d'aller en Formule 1 se précisent : *« On s'est vus à Bakou, on s'est eus au téléphone après New York aussi. L'objectif pour eux, après quatre ans de soutien, c'est de me placer en F1. Ils savent très bien que c'est mon seul objectif de carrière. Pour l'instant, on essaye de trouver la meilleure solution pour tout le monde. Maintenant, il faut que l'opportunité se présente. Les choses ont l'air de bouger, ça va dans le bon sens. Faut attendre encore quelques semaines et j'espère avoir une réponse d'ici là. Mais les choses avancent, on va dire. »* Mais ce mot revient, encore et toujours : une opportunité. En ce mois de septembre 2017, c'est la seule chose qui semble manquer à Gasly pour faire ses débuts en Formule 1.

Deux jours après la course de Sugo, c'est la surprise pour Gasly : Helmut l'appelle pour lui annoncer qu'il remplacera Daniil Kvyat en Formule 1 pour deux courses, en Malaisie et au Japon. Le test grandeur nature se présente, et cette fameuse opportunité est devant le Français :

> *« Je tiens à remercier tous ceux qui m'ont aidé à obtenir cette chance dans ma carrière de pilote automobile, et plus particulièrement Red Bull, le Dr Helmut Marko et la Scuderia Toro Rosso. C'est une formidable opportunité pour moi. Je me sens prêt, car j'ai dû me préparer à tout dans mon rôle de troisième pilote chez Red Bull Racing cette année. Je ferai de mon mieux pour obtenir de bons résultats avec la Scuderia Toro Rosso lors des prochaines courses »*, dit-il à l'occasion de cette annonce.

De nouveau questionné par Red Bull, il s'épanche un peu plus sur ce que représente cette occasion et raconte la manière dont il a été mis au courant de cette promotion :

> *« En fait il était déjà prévu que je sois en Malaisie, en tant que troisième pilote. Mes vols étaient déjà réservés. Je savais aussi qu'il y avait des choses qui se passaient, mais je ne savais pas ce qui m'attendait concrètement. J'avais ma course en Super Formula dimanche dernier, j'ai donc fait le vol Tokyo-Malaisie lundi, et quand je suis arrivé en Malaisie j'ai reçu un premier message du team manager de Toro Rosso m'annonçant que j'allais sûrement rouler ce week-end. »*

Et c'est le mardi matin que Helmut Marko et Franz Tost, le patron de Toro Rosso, le lui confirment officiellement :

> *« J'ai tout de suite appelé mes parents pour leur annoncer la nouvelle et les remercier pour tout ce qu'ils avaient fait pour moi. Ils ont vraiment tout donné, et il y a eu des moments où c'était compliqué. Ils ont tout fait pour que je puisse atteindre mon objectif et réaliser mon rêve. Finalement, ça a payé. »*

C'est aussi l'occasion pour le pilote de faire le bilan sur ce qu'il a pu recevoir de la part de Red Bull, qui encadre son développement depuis le début de son adolescence et l'a aidé à comprendre les rouages du sport automobile à tous les niveaux :

> *« Ils apportent beaucoup de choses sur l'aspect physique, avec un gros suivi assuré par des coaches finlandais avec lesquels je bosse depuis quatre ans. Ça m'a beaucoup apporté sur le plan physique. J'ai aussi pu faire énormément de simulateur F1 pour me préparer. Je fais aussi des journées test en F1 depuis 2015. Si cette opportunité se présente aujourd'hui c'est parce que je fais partie de leur programme dédié aux jeunes pilotes, mais aussi*

> *du fait de mes résultats dans des catégories inférieures. Sans eux je ne serais pas là, et ils m'offrent aujourd'hui une belle opportunité de débuter ma carrière en F1. »*

Malgré la joie de réaliser une première partie de son rêve, il reste pragmatique et reconnait que le défi qui l'attend est colossal :

> *« En termes de pilotage, tout va plus vite, ça demande donc plus au pilote. Mais après, surtout, on est au plus haut niveau, au top de la pyramide. Les 19 pilotes que j'aurai sur la grille avec moi sont les meilleurs dans cette discipline. Le niveau va être très élevé… On parle de Hamilton, Alonso, Vettel, des pilotes avec beaucoup d'expérience, ça va donc être plus compliqué, forcément. »*

Plus intéressant encore, cette arrivée en Formule 1 est l'occasion de relativiser la déception connue en fin d'année précédente, quand Red Bull a décidé de l'envoyer en Super Formula, et qu'il craignait de rater la marche finale vers la catégorie reine :

> *« L'année dernière, après avoir gagné le Championnat du monde en Formule 2, je me sentais prêt pour la F1. Mais on m'a dit d'être*

patient, alors je me suis engagé en Super Formula au Japon, où je suis actuellement en bagarre pour le titre, à une course de la fin. Il faut aussi savoir relativiser, je n'ai que 21 ans, ça reste très jeune, et je n'ai donc pas attendu trop longtemps. Je n'ai attendu que neuf mois finalement. »

L'entame de week-end est studieuse aux côtés de Carlos Sainz, sur qui le débutant a prévu de s'appuyer pour construire son week-end et régler sa voiture. Et le résultat est positif car même si la 15e place en qualifications peut sembler décevante, le retard sur son équipier est inférieur à deux dixièmes. *« Je me suis dit que le moment était venu de prouver ce que je valais,* lâche un Gasly heureux, dans le communiqué de presse de Toro Rosso après la qualification. *Je mets bout à bout toutes les petites choses que j'ai apprises depuis vendredi pour m'améliorer. Je me sens de plus en plus confiant après chaque tour. J'essaye de faire de mon mieux et je crois que cette première séance de qualifications a été positive. »* Une course studieuse et appliquée, qui se conclut dans l'avant-dernier tour par une jolie bataille contre son compatriote Romain Grosjean, le voit terminer 14e. Il n'y a aucun élément de comparaison puisque Sainz a abandonné juste après la mi-course, mais l'important est ailleurs, car il a réussi à boucler toute la course et à accumuler une expérience précieuse. Une performance d'autant plus marquante qu'il n'a pas été aidé par la technique : *« J'ai bien négocié ce premier départ, il y avait beaucoup d'émotion,* peut-on lire dans le débriefing d'après-course. *J'ai fait le premier relais juste derrière Carlos, donc ça marchait plutôt bien. Mais après mon arrêt, ça s'est compliqué, j'ai dû faire toute la course sans boire, le système était installé mais pas le tube dans ma bouche. La seconde moitié de course a été pénible. Je suis content d'avoir été au bout pour progresser, j'ai tout donné. »* De plus, le siège n'était pas moulé correctement pour sa physionomie, et cela a ajouté un inconfort supplémentaire, comme il l'explique en zone des médias juste après la course :

> *« Je pense qu'on va refaire un réglage du baquet à Suzuka, parce que je bougeais beaucoup et ce n'est pas super agréable, surtout pendant toute la course. Bouger beaucoup dans le siège, ce n'est pas l'idéal pour mon dos, et j'ai assez mal au bas du dos, donc on a prévu d'en faire un nouveau pour le week-end prochain. »*

Interrogé sur le bilan qu'il tire de ce premier weekend, il a découvert un monde très différent, où l'attention médiatique et l'implication marketing sont totalement différentes de ce qu'elles sont dans les autres catégories. Les pilotes de Formule 1 sont énormément sollicités et il reconnait que c'est ce qui l'a le plus surpris, comme souvent avec les débutants parachutés dans un tel monde :

> « *Je suis satisfait. Ce n'était pas simple, c'était un peu de la folie. D'un côté une très forte demande médiatique et beaucoup de sollicitations, de l'autre un travail énorme à accomplir avec l'équipe. Un week-end fatiguant au cours duquel je n'ai pas soufflé une seconde. J'ai essayé de faire au mieux et je suis satisfait d'avoir pu me concentrer à 100 % sur mon pilotage à chaque fois que je suis monté dans la voiture* », déclare-t-il plus tard sur le site du Grand Prix de France.

La maturité du jeune Pierre est saluée par différents observateurs, dont Helmut Marko qui, selon les dires du pilote, reste mesuré dans ses propos et n'est pas adepte des effusions de joie : « *Il m'a dit que j'avais fait une bonne première course et qu'il fallait que je continue, mais Helmut parle très peu et je ne m'attends pas à ce qu'il fasse mes louanges, je dois juste continuer à travailler pour signer les meilleurs résultats possibles.* » Son ancien ingénieur performance chez DAMS lors de la saison 2015 du GP2, Antoine Okla, n'est pas surpris de le voir déjà à l'aise en Formule 1, et il s'attend à voir davantage de ce pilote qu'il décrit auprès de *La Dépêche* comme

« drôle et attachant, respirant la joie de vivre. Pierre ne peut que monter en puissance de manière extraordinaire. Pour moi, il est encore sous-évalué. »

Pas le temps, néanmoins, de trop penser à cette première course, puisque le Grand Prix suivant se déroule quelques jours plus tard au Japon, sur un circuit de Suzuka qu'il a pu découvrir en Super Formula plus tôt dans l'année. En début de week-end, plusieurs annonces ont lieu, dont celle de Jolyon Palmer, pilote chez Renault, qui révèle qu'il dispute son dernier week-end dans l'équipe française. Cyril Abiteboul a jeté son dévolu sur Carlos Sainz pour la saison 2018, et un accord est trouvé pour qu'il anticipe ses débuts sous les couleurs de la marque française, et ce dès la manche suivante à Austin. Red Bull confirme dans le même temps que Kvyat reviendra au volant, et Helmut Marko annonce que Gasly terminera la saison 2017 chez Toro Rosso. L'Autrichien lance même dans le week-end que le Français pilotera pour l'équipe italienne en 2018, mais le principal intéressé se montre prudent lorsqu'il est questionné à ce sujet dans le paddock de Suzuka.

> *« Helmut a dit que je recevrai plus d'informations bientôt, mais pour le moment, ce n'est pas le cas, tempère le pilote lors d'une conférence auprès des médias. Beaucoup de choses se passent*

en coulisses. Je vais encore rouler, je ne sais juste pas dans quelle discipline entre la Super Formula et la Formule 1. On m'a dit que Honda voudrait que je finisse la saison pour eux [en Super Formula], mais ce n'est pas une décision qui m'appartient. C'est toutefois censé puisque l'on se bat pour le championnat. J'aurais du mal à prendre une décision donc j'accepterai ce qui m'est demandé. »

Et en effet, il est décidé qu'il manquera le Grand Prix des États-Unis pour aller disputer la finale de Super Formula à Suzuka, qui doit se dérouler en deux courses. Son demi-point de retard sur Hiroaki Ishiura en fait un candidat au titre, et malgré la décision initiale de Toro Rosso de l'engager pour la course de F1 d'Austin, Honda impose ses conditions en vertu du contrat signé en début de saison, car le Team Mugen est une équipe créée par Honda et affiliée à la marque japonaise dans ce qui était auparavant le championnat japonais de F3000. Il est donc décidé que Gasly reviendra après cette dernière escale au pays du Soleil levant pour les dernières courses du championnat du monde, au Mexique, au Brésil et à Abu Dhabi. Mais cet espoir de décrocher un nouveau titre en monoplaces vole en éclats quand le typhon Lan s'abat sur le Japon et contraint la Super Formula à annuler les deux dernières courses. Interrogé plus tard dans l'année par France Racing, il révèle que ce rebondissement malheureux est son pire souvenir de l'année 2017. Mathieu Zangarelli note toutefois que cette expérience a été très importante dans la construction du jeune pilote :

> *« Le titre ne s'est pas joué à grand-chose, il l'a manqué pour un demi-point mais ça a été une expérience très enrichissante pour lui. Il a montré sa capacité à mener une équipe et à fédérer autour de lui. C'est une grande force, car Pierre est quelqu'un qui capte très naturellement l'attention des personnes qui sont là. »*

Continuant son marathon du mois d'octobre, et plus globalement de la saison en cours, Gasly quitte le Japon après le week-end et se rend au Mexique, où il retrouve la Formule 1. Interrogé lors de la journée médias, il en dit davantage sur sa déception de ne pas avoir pu défendre ses espoirs et tire un bilan global de cet exil forcé mais réussi au Japon : *« J'étais heureux et motivé pour me battre pour le titre en Super Formula et c'est bizarre de terminer le week-end le samedi soir. Au bout du compte, je garde de bons souvenirs de ma saison en Super Formula, j'ai adoré ce championnat. C'est super de finir deuxième de ma saison de débutant mais j'aurais aimé pouvoir lutter pour le titre jusqu'à la fin. »* Au passage, il révèle que faire ses débuts en Formule 1 au mois d'octobre n'est pas simple, même s'il est encore émerveillé par cette opportunité : *« Faire mes débuts en* Formule 1 *était un moment unique, la Malaisie a été incroyable et j'ai adoré. Il y a beaucoup de choses à apprendre avec l'équipe et arriver à la fin d'une saison n'est jamais facile, mais je veux faire au mieux. Je me sens plus à l'aise au volant, tour après tour, donc j'imagine que ça ira mieux de course en course. »*

Cette fois, il n'est pas coaché par Mathieu Zangarelli, qui préfère se mettre en retrait, notamment parce que le calendrier de la Formule 1 est intense, mais aussi parce qu'il pense que le pilote doit trouver un nouvel équilibre avec l'appui de Red Bull, qui est forcément plus important dans cet environnement aussi élitiste :

> *« Il a fait son premier Grand Prix en Malaisie fin 2017, il finissait la saison en Super Formula. Quand on rentre en F1, on est un peu aspiré par l'environnement existant de la Formule 1, il y a beaucoup de monde et chacun est à sa place. Et je n'étais pas son manager, je ne voulais pas gérer ses contrats mais l'aider en tant que conseiller sportif, pour le faire grandir et arriver à son statut de professionnel. J'aurais aimé l'accompagner en F1, mais c'est un calendrier exigeant. On passait du*

temps agréable, je pense que j'étais quelqu'un de confiance pour lui, mais ça ne s'est pas fait. Il arrivait dans un environnement entièrement structuré et il ne voulait pas arriver avec quelqu'un dans ses bagages. »

Son week-end mexicain est compromis par des EL1 manqués, puisqu'il doit laisser son volant à Sean Gelael, et des avaries de moteur qui l'obligent à s'élancer dernier sur la grille. Sa 14e place finale le lendemain en course, au terme d'une course où il recroise le chemin de Romain Grosjean et sort cette fois victorieux de leur duel, est donc positive. Le moteur Renault de sa Toro Rosso fait encore des siennes au Brésil, avec une casse le vendredi et une pénalité annoncée avant le week-end qui le renvoie automatiquement en fond de grille pour la course. Profitant de deux incidents distincts au premier tour, il gagne dix places et se retrouve provisoirement dans le top 10, mais voit rapidement Lewis Hamilton et Daniel Ricciardo le dépasser. De nouveau, sa course est solide mais la monoplace n'est pas au niveau pour résister aux Renault, qui terminent dixième et 11e et le devancent à l'arrivée.

C'est avec une pression moindre que Gasly se dirige vers Abu Dhabi pour la dernière manche de la saison, car Red Bull confirme le 16 novembre qu'il disputera l'entièreté de la saison 2018 avec Toro Rosso. Son nouveau patron, Franz Tost, salue les progrès déjà vus chez le Français comme chez Brendon Hartley, son nouvel équipier qui a disputé plusieurs courses en cette fin d'année et se voit lui aussi confirmé. *« Je suis très heureux de courir pour Toro Rosso en 2018, pour ma première saison complète en Formule 1. Je tiens à remercier toutes les personnes impliquées qui m'ont aidé à arriver ici : Red Bull, Toro Rosso, ma famille et tous ceux qui m'ont soutenu dans les séries inférieures »*, déclare Gasly lors de cette officialisation. Et même si la saison se finit par un nouveau week-end très difficile à Abu Dhabi, avec une 17e place en qualifications et le même résultat en course, l'essentiel est ailleurs puisqu'il peut sereinement se tourner vers sa toute première saison en Formule 1.

> *« Je suis vraiment excité et j'ai vraiment hâte de commencer ma première saison en F1 ! J'en rêve depuis que je suis tout petit. Ça fait de nombreuses années que je travaille dur pour arriver là, être en F1 et pouvoir me battre avec les meilleurs. Tout le travail que j'ai pu faire ces dernières années dans les catégories inférieures est aujourd'hui récompensé, et il va falloir continuer ! J'ai de grandes ambitions et, pour ça, il faut continuer à travailler »*, déclare-t-il auprès de France Racing lorsqu'il dresse les perspectives de son année à venir.

CHAPITRE 8

PREMIÈRE ANNÉE SOLIDE EN CATÉGORIE REINE

Son arrivée à temps plein en Formule 1 n'est pas le seul chambardement chez Toro Rosso, puisque le très critiqué moteur Renault, qui a valu une fin de saison 2017 épouvantable à Gasly et Hartley, laisse sa place au non moins controversé V6 Honda. En effet, le bloc propulseur japonais est sous le feu des critiques depuis trois saisons, la faute à un partenariat désastreux avec McLaren. Mais Red Bull veut changer les choses et les tensions avec Renault, qui atteignent leur paroxysme au cours d'une saison 2017 marquée par de nombreux abandons, sont trop importantes pour que les choses continuent sereinement telles qu'elles sont. Mais avant de choisir un nouveau motoriste pour l'équipe première, Dietrich Mateschitz, le PDG de Red Bull, a décidé de lancer Toro Rosso dans le grand bain, avec un partenariat qui lie l'équipe italienne à Honda à partir de la saison 2018. Franz Tost, directeur de Toro Rosso, salue « l'héritage de Honda » et prédit « un défi enthousiasmant et un avenir prospère ».

De son côté, Gasly confie à France Racing qu'il ne s'attend pas à des miracles, alors que le manufacturier nippon a encore connu une saison 2017 plus que difficile, malgré un bloc largement revu. Et avec un contrat qui a été officialisé en septembre de l'année précédente, le défi est de taille pour Toro Rosso et Honda, comme le souligne le pilote : *« Il faut être objectif par rapport à la situation. Cela fait trois saisons que Honda est à la peine. En F1, il n'y a pas de magie. Quand on a du retard, on ne le rattrape pas aussi facilement, et durant l'hiver, tout le monde travaille. Honda ne va pas rattraper son retard en trois ou quatre mois. Mais c'est une bonne opportunité. On a vu des améliorations sur les six derniers mois avec McLaren, donc il va falloir surveiller cela. Le début de saison risque d'être difficile, la décision a été prise assez tard. La voiture était commencée, tout a été un peu retardé. Mais on espère une bonne évolution de la voiture pendant la saison! »*

À titre personnel, il est satisfait d'avoir déjà eu une première expérience dans le grand bain. En marge du GP d'Australie, il explique à Eurosport en quoi ses piges chez Toro Rosso en 2017 changent la donne :

« Le fait d'avoir disputé cinq courses la saison dernière m'a vraiment apporté une bonne expérience dans la gestion du week-end. Je sais à quoi m'attendre. Je parviens mieux à analyser la dégradation des pneus. Quand on m'a fait monter dans la voiture en Malaisie pour la première séance d'essais libres, sans test avant, je ne connaissais pas vraiment l'équipe autour de moi ni les ingénieurs. Il fallait en plus s'habituer à la monoplace. Il s'agissait donc d'apprendre le plus rapidement possible à chaque séance d'essais libres. Cette année, dans la réflexion et l'approche, je vois les choses différemment. Maintenant, dès le début du week-end, je sais ce que je veux travailler pour les qualifications et la course, quels réglages adopter. »

Les essais hivernaux se déroulent globalement bien, malgré quelques petits soucis d'adaptation entre l'équipe et son nouveau partenaire moteur. Mais la fiabilité semble au rendez-vous puisque derrière les favoris pour le titre mondial que sont Mercedes et Ferrari, c'est Toro Rosso qui parcourt le plus de kilomètres. En revanche, la performance semble difficile à trouver avec la STR13, que ce soit sur les relais courts où Toro Rosso semble être la neuvième force du plateau, ou lors des simulations de course où aucune équipe ne rencontre plus de difficulté à tenir les pneus. Pour Gasly, l'objectif est avant tout interne à l'équipe, comme il l'explique à Eurosport avant la première course de la saison :

> *« Mon objectif personnel est clairement de battre mon coéquipier. Nous sommes dans la même équipe et la comparaison est inévitable. J'espère être le plus constant possible pour y arriver. À moyen terme, je vise un baquet chez Red Bull, donc il est important d'être rapidement performant. »*

La première étape du championnat, qui mène le paddock à Melbourne, est une douche froide pour Toro Rosso, et surtout pour Gasly. Lors d'une qualification difficile, il se qualifie dernier et sa voiture rend les armes après 13 tours, victime d'une avarie. Dans l'autre STR13, Hartley termine dernier, seul pilote relégué à un tour du vainqueur du jour, Sebastian Vettel. Plus grave, les problèmes identifiés obligent à un premier changement de moteur et de turbo après la première course, alors que chaque voiture ne dispose que de trois exemplaires pour la saison complète.

Mais la manche australienne est rapidement reléguée au rang de mauvais souvenir quand Gasly et son équipe brillent à Bahreïn, théâtre de la deuxième course de l'année. Le Français se qualifie sixième et profite d'une pénalité pour Lewis Hamilton pour s'élancer cinquième. Au départ, il se bat avec la Red Bull de Daniel Ricciardo, avant que celui-ci n'abandonne. L'autre Red Bull de Max Verstappen ne franchit pas le troisième tour, elle aussi victime d'une casse mécanique du bloc Renault. Lancé dans une remontée après sa pénalité, Hamilton dépasse rapidement Gasly, qui passe une partie de sa course en cinquième position. Sa gestion de course est parfaitement adaptée à sa stratégie et le tricolore gagne une place quand Kimi Räikkönen abandonne. Grâce à une fin de course sans erreur, il termine à une exceptionnelle quatrième place et marque ses premiers points en championnat du monde de Formule 1. C'est également le meilleur résultat de Honda en catégorie reine depuis le podium de Rubens Barrichello en 2008 à Silverstone, puisque McLaren n'a jamais accompli mieux qu'une cinquième place depuis le retour du constructeur japonais en 2015.

« C'est irréel. Je lutte pour me dire que c'est vrai. Je n'aurais jamais pensé finir à cette place. Je suis super content. La voiture a été fantastique, très rapide, et ce, grâce à toute l'équipe Toro Rosso, déclare le pilote après la course, avant d'en dire davantage plus tard auprès du site officiel de la Formule 1. C'est incroyable. Sixième en qualifications, quatrième en course, nous ne nous attendions

pas à un tel résultat, donc je suis vraiment très heureux. Pour l'équipe, c'est comme une victoire. C'est également le meilleur résultat pour Honda depuis son retour. Je pense que les Japonais... je ne sais pas quelle heure il est là-bas, mais ils doivent être très heureux ! Ils ont connu deux années difficiles. C'est un excellent moyen de les motiver et de leur montrer qu'ils doivent continuer à se battre. Nous avons fait un énorme pas en avant ce week-end. Depuis notre arrivée ici, la voiture était rapide. Avoir réalisé ma meilleure qualification en Q3 était déjà extrêmement satisfaisant, mais je pense que rien ne peut égaler le sentiment que nous avons éprouvé avec cette quatrième place. »

Franz Tost ne tarit pas d'éloge envers son pilote, dont il salue « *de très bons chronos et un très bon retour technique* » dès le début du week-end. « *Il a pris un départ fantastique, défendant sa position dans le premier virage et terminant quatrième sans commettre aucune erreur. Il a contrôlé la course comme s'il en avait déjà disputé 100 en Formule 1. C'était extraordinaire. Il a effectué un travail fantastique aujourd'hui. J'espère que ce n'est que le début* », confie l'Autrichien, qui est à la tête de Toro Rosso, aux journalistes de la Formule 1. En attendant de confirmer ces résultats, Gasly veut profiter de cette réussite :

« Je ne sais pas si nous pourrons être aussi rapides lors des prochaines courses. Nous allons profiter, c'est une belle journée pour l'équipe, pour Honda et pour moi. »

La manche chinoise du calendrier est nettement moins enthousiasmante pour Toro Rosso, avec une 15e place pour Hartley en qualifications et une 17e pour Gasly. Ce dernier est rapidement autorisé à dépasser son équipier, en difficulté avec ses pneus super-tendres, et il remonte jusqu'à la 15e place avant son arrêt. Mais les performances de la monoplace de Faenza sont clairement plus proches de celles de l'Australie que de l'excellent week-end de Bahreïn. Après son passage par les stands, Gasly remonte sur Hartley et, à l'épingle, il attaque son équipier qui prend normalement son virage. C'est l'accrochage et le Français termine la course en 15e place, tandis que le Néo-Zélandais repart dernier et abandonne avant l'arrivée. Pénalisé de dix secondes et repoussé au 18e rang, Gasly se défend après l'arrivée et explique en quoi l'équipe a une responsabilité dans cet incident malheureux.

« Ils m'ont dit à la radio "Brendon va te laisser passer à la fin de la ligne droite", comme nous en avions convenu avec les ingénieurs, raconte-t-il à l'arrivée. Je m'attendais donc à ce qu'il me

laisse passer. Je me suis placé à l'intérieur et je ne sais pas s'il ne m'a pas vu, il m'a dit qu'il ne m'avait pas vu. Mais je m'attendais à ce qu'il me laisse un peu d'espace pour tourner. J'ai essayé de freiner pour l'éviter, mais c'était trop tard ; nous sommes entrés en collision et c'était fini. C'est dommage, car c'est la dernière chose que l'on souhaite, entrer en collision avec son coéquipier, c'est vraiment dommage. Je pense que nous nous sommes mal compris, je m'attendais à ce qu'il fasse une chose et il s'attendait probablement à autre chose. »

De son côté, celui qui a été victime de cet accrochage confirme une « mésentente » liée à des consignes différentes entre les deux parties de l'équipe, ce qui évite de créer des tensions inutiles.

Le Grand Prix d'Azerbaïdjan deux semaines plus tard donne de nouvelles sueurs froides à l'équipe à cause d'une nouvelle mésentente, cette fois plutôt attribuable à Hartley. Lors de la Q1, dans la partie très rapide du circuit qui descend depuis le château, Gasly est arrivé sur son équipier, alors au ralenti après un contact avec le mur, et a hésité à aller à gauche, puis à droite de la piste. Voyant l'autre STR13 dans son rétro, le Néo-Zélandais a d'abord décidé d'aller à gauche, puis à droite, obligeant le Français à effectuer une manœuvre d'évitement qui les a vus se frôler à quelques centimètres. Hurlant dans sa voiture après une telle frayeur, Gasly a ensuite expliqué ce qu'il a ressenti à ce moment-là :

> *« C'était assez effrayant. Lors de mon deuxième tour, j'étais derrière Brendon. Le tour se déroulait bien, j'avais sept dixièmes d'avance sur mon meilleur tour. Je ne sais pas ce qui est arrivé à Brendon, mais il a considérablement ralenti avant le virage 15. Je roulais à environ 320 kilomètres heure et j'ai vu qu'il était presque à l'arrêt. J'ai donc essayé de l'éviter, mais j'étais sûr que j'allais avoir un accident. Je me voyais déjà dans les airs. Je ne sais pas comment j'ai réussi à l'éviter, mais c'était un moment assez effrayant. »*

De son côté, son partenaire reconnait avoir pris de mauvaises décisions et assume l'entière responsabilité du problème : « *Je lui dois de sincères excuses pour m'être mis en travers de son chemin et avoir failli causer un grave accident. Je suis déçu de la façon dont les choses se sont déroulées. Ce n'était pas une bonne journée. Tout s'est passé très vite. J'aurais dû être plus vigilant et m'écarter du chemin, c'est donc ma faute.* » Saluant la sportivité de Hartley, Gasly conclut cet incident : « *Je suis sûr qu'il ne l'a pas fait exprès, c'est certain.* » Bien que chacun soit soulagé de l'issue heureuse et de cet accident évité, les deux pilotes ont ruiné leurs chances de passer en Q2. Le lendemain, Hartley signe une belle performance et termine dixième, tandis que Gasly a maille à partir avec Kevin Magnussen, qui le serre contre le mur en ligne droite et provoque la colère de son rival : *« Kevin est le gars le plus dangereux contre qui j'aie couru. Il m'a littéralement mis dans le mur à 300 kilomètres heure à la relance, et a complètement ruiné ma course. J'étais 11ᵉ donc je savais qu'il y avait des points sur la table. J'allais le dépasser juste avant la ligne de la voiture de sécurité. Je suis allé de son côté, il m'a juste emmené droit vers le mur et m'a enlevé la moitié du fond plat. Mes deux roues avant ont décollé, j'ai cassé mon rétroviseur droit et mon volant s'est tordu. Il a conduit toute la course comme ça donc il savait exactement ce qu'il faisait. Il m'a littéralement mis dans le mur. Il a toujours été comme ça, il est toujours très dur en course. Courir contre des pilotes qui sont un peu durs, ça ne me dérange pas, mais un pilote comme ça, ça dépasse les bornes. »* Frédéric Vasseur, dont le pilote débutant Charles Leclerc a lui aussi été victime d'une manœuvre dangereuse du Danois en ligne droite lors des essais libres du GP d'Espagne, prend la défense des deux victimes et accable le pilote Haas :

> *« Que Magnussen ait envie de mourir sur la piste, c'est son problème. Ce qu'il a fait à Gasly*

est complètement inadmissible. Grosjean avait été suspendu pour une course, en 2012, pour mille fois moins que ça. Ce matin, il a recommencé, en essais libres, alors qu'il n'y avait aucun enjeu. Tant que la FIA ne prendra pas ses responsabilités, il mettra la vie des pilotes en danger. »

C'est en revanche l'autre pilote Haas qui cause un accrochage au départ, en l'occurrence Romain Grosjean, après un tête-à-queue qui génère un écran de fumée dans le troisième virage du premier tour et provoque un accrochage qui cause trois abandons : le sien et ceux de Nico Hülkenberg et Gasly. Le début de saison agité se poursuit pour ce dernier, qui retrouve heureusement la Q3 lors de la course suivante à Monaco, avec une dixième place en qualifications. Au terme d'une belle course, il signe une septième place remarquée sur un des circuits les plus sélectifs de la saison, ce qui confirme ses bonnes dispositions et sa maturité pour gérer les courses.

« On était très rapides et on a réussi à gagner des positions grâce à notre rythme. Gagner trois positions à Monaco, deux si on ne compte pas l'abandon d'Alonso, on sait que c'est très dur. Je suis donc ravi de ce résultat, surtout pour ma première course à Monaco en F1. »

Au Canada, le moteur Honda fait de nouveau des siennes, ce qui n'est pas sans inquiéter Red Bull, alors en phase de négociations avec le motoriste pour la saison 2019. Gasly est renvoyé en fond de grille pour le départ, et sa 11e place à l'arrivée est attribuable de nouveau à une gestion de course réussie, notamment en matière d'économie des pneus. Chaussé des gommes hyper tendres, le composé le plus fragile, il est celui qui parvient à les tenir le plus longtemps en bon état, ce qui lui permet une stratégie réussie, mal récompensée par la pénalité qui l'a obligé à prendre le départ en 20e position.

Avec le retour du Grand Prix de France au calendrier, il découvre le bonheur de rouler devant son public, les fans acclamant les trois tricolores avant le départ. Un départ que Gasly prend en 14e position, non sans une pointe de déception mais avec l'espoir de faire mieux en course. Malheureusement, un accrochage avec Ocon au troisième virage de la course les envoie tous les deux au tapis : *« Au virage 3, je suis allé vers l'intérieur, je pensais qu'il m'avait vu et qu'il allait me laisser la place, mais il a pris le virage comme s'il n'y avait personne. Je suis sûr qu'il ne l'a pas fait exprès, mais c'est un moment très difficile d'avoir un contact entre deux Français à l'occasion du retour du Grand Prix de France »*, note Gasly après son abandon. De son côté, Ocon est d'un avis différent, puisqu'il dit avoir été percuté et se montre également très « déçu » d'abandonner si vite devant son public. Il tempère toutefois sa critique envers Gasly, assurant « ne pas être en colère » contre son compatriote.

En Autriche, Gasly n'inscrit pas de points après une bataille acharnée avec Fernando Alonso et les Sauber, et il pense en marquer un à Silverstone mais se fait pénaliser pour avoir accroché Sergio Pérez. Il perd trois places et décide d'exprimer sa colère sur son compte Twitter : *« Cinq secondes de pénalité, c'est ridicule. Tous les week-ends, il y a des contacts et aucune pénalité, c'est la course et c'est ce qui fait que c'est passionnant ! C'était disputé et j'ai apprécié cela. Laissez-nous nous battre et arrêtez ces conneries avec les pénalités ! »* Frustré par cette série de courses décevantes, il s'en sort mieux que son équipier, qui vient d'enchaîner deux abandons sur panne mécanique, dont une au premier tour en Grande-Bretagne. En Allemagne, Gasly tente un coup de poker en passant les pneus pluie au moment où l'averse débute, mais celui-ci s'avère infructueux car la pluie ne touche qu'une partie du circuit, et il doit immédiatement repasser par les stands, ce qui le repousse dans le peloton, et il franchit la ligne en 13e position tandis que Hartley marque un point.

La Toro Rosso est transfigurée en arrivant en Hongrie, sur un tracé où ses qualités semblent mises en valeur. Gasly et Hartley se qualifient sixième et huitième, et le Français se lance dans un très long premier relais en course avec des pneus ultra-tendres. Il occupe un moment la troisième place et rétrograde quand les Mercedes, Ferrari et Red Bull, qui ont des pneus plus frais, lui fondent dessus. Mais son deuxième relais est également bon et il maintient le cap pour aller chercher la sixième position sous le drapeau à damier, signant son deuxième meilleur résultat en carrière. Toro Rosso arrache un point supplémentaire avec Hartley, et c'est sur ce beau résultat que la pause estivale intervient. Une période censée être plus calme au cours d'une saison de plus en plus longue, mais qui connait un premier rebondissement le jeudi suivant la Hongrie. Daniel Ricciardo, dont la prolongation chez Red Bull semblait acquise, fait faux bond à l'entreprise autrichienne et s'engage auprès de Renault après avoir reçu une belle proposition de Cyril Abiteboul. L'Australien semble être las des problèmes mécaniques dont il est victime depuis le printemps, et d'une équipe Red Bull qui tourne son attention vers son jeune équipier, Max Verstappen. Les deux hommes se sont accrochés en Azerbaïdjan, avec une faute nette du Néerlandais, et Helmut Marko a renvoyé la responsabilité sur l'Australien, ce qu'il n'a apparemment pas digéré. Cela laisse Red Bull dans une situation difficile, avec un baquet libre aux côtés de Verstappen et avec deux débutants chez Toro Rosso pour succéder possiblement à Ricciardo.

Les tractations vont bon train et, le 20 août, c'est finalement Pierre Gasly qui décroche cette place, avec une annonce qui intervient le lundi précédant la reprise de la saison. « *C'est un rêve qui devient réalité pour moi, je suis enthousiaste à l'idée de rejoindre cette équipe de pointe,* se félicite le Français dans le communiqué publié par sa nouvelle équipe. *C'était mon objectif de piloter pour cette écurie depuis que j'ai rejoint le programme junior des pilotes Red Bull en 2013, et cette incroyable opportunité est un pas de plus vers mon ambition de remporter des Grands Prix et de me battre pour des titres.* » Cependant, il est aussi confiant du défi que représente la nomination dans une équipe de pointe : « *Même si ce moment est très enthousiasmant, je suis très conscient du défi que cette opportunité spéciale va m'offrir, et des attentes entourant tout pilote de l'écurie Red Bull. La première phase pour moi est de continuer à tout donner pour obtenir les meilleurs résultats possibles en 2018 avec mon écurie actuelle, Toro Rosso.* » Bonne nouvelle pour lui, il aura une année d'expérience avec le motoriste Honda, qui a signé quelques semaines plus tôt pour fournir des moteurs à Red Bull à partir de 2019. Plus tard, il révèle dans une interview sur le site officiel de Red Bull qu'il a manqué les appels du Dr Marko et qu'il lui a fallu plusieurs heures pour l'avoir au téléphone :

> « *J'ai cassé mon téléphone, donc je n'ai pas pu recevoir d'appels pendant quelques jours. J'ai donc*

> *du téléphoner à Helmut Marko pour lui donner le numéro de mon meilleur ami. Mais lui aussi a raté les appels d'Helmut. Heureusement, j'ai réussi à l'avoir deux heures plus tard.* »

De son côté, Red Bull Racing salue « *une première saison complète impressionnante cette année, avec notamment une superbe quatrième place au Grand Prix de Bahreïn et deux autres top 10 durant la première moitié de saison* » parmi les arguments ayant tourné le choix vers le Français. Christian Horner, directeur de l'équipe, explique pourquoi Gasly était sous son radar et celui de Marko :

> « *Ses performances extraordinaires, cette saison, dans une écurie motorisée par Honda, dans ce qui n'est que sa première saison complète en Formule 1, n'ont fait que renforcer sa réputation. Il est l'un des jeunes pilotes les plus passionnants en sport automobile et nous avons hâte que Pierre amène sa vitesse, son talent et son attitude dans l'équipe en 2019.* »

En Belgique, Gasly reprend sa saison avec une belle dixième place en qualifications, sur un tracé qui met en avant les qualités du moteur. De quoi être rassuré par l'évolution de Honda et de son V6 hybride, d'autant que Hartley est juste derrière lui sur la grille. La course n'offre pas de rebondissements et une stratégie à un seul arrêt permet au Français d'arracher deux points de plus. C'est également une neuvième place que signe Gasly en qualifications à Monza, mais une touchette avec Alonso au départ endommage sa Toro Rosso, et il termine loin des points. Hartley abandonne dans un autre incident en piste, mais la performance semble progresser en cette deuxième partie de saison au sein de la petite Scuderia.

Le circuit de Singapour est plus compliqué pour la STR13, et Gasly ne fait pas mieux que 15e en qualifications, deux places devant son équipier. Un week-end à oublier avec une 13e place finale, et le Grand Prix de Russie n'est pas plus positif, puisqu'un changement de moteur renvoie les deux pilotes en fond de grille et hors des points à la fin de la course. Mais c'est pour la bonne cause, puisque Honda teste des nouveautés sur son bloc propulseur en vue d'une grosse amélioration pour la saison suivante. Les qualifications sont plus prometteuses au Japon avec une septième place pour Gasly, juste derrière Hartley, mais la course est marquée par des problèmes d'exploitation des pneus, sur un circuit de Suzuka qui est très exigeant pour les gommes, et Toro Rosso manque les points. Le travail de fond se poursuit à Austin, où Honda demande encore à ses deux pilotes de changer de moteur, les renvoyant en fond de grille une nouvelle fois et leur enlevant toute chance de bon résultat puisque la course se déroule sans problème majeur. Alors que les moteurs doivent être limités à trois pièces par an sur les organes principaux du V6, c'est déjà les septièmes pour le Français. Au Mexique, un autre moteur neuf le renvoie en fond de grille, mais il repasse sur une ancienne spécification et s'élance dernier. Il effectue une belle remontée vers la dixième place et arrache de nouveau un point. Malgré une certaine frustration au cours de cette fin de saison où Toro Rosso sert de laboratoire à Honda, son agacement n'est rien en comparaison de celui de Daniel Ricciardo, qui connait un huitième abandon de la saison sur une panne mécanique, avec le moteur Renault qu'avait Toro Rosso la saison précédente. Aux États-Unis, l'Australien a détruit sa loge à coups de poings, comme il le révélera deux ans plus tard au site officiel de la Formule 1, et il a déclaré aux médias qu'il est prêt à laisser sa place à Gasly de manière anticipée : *« Je ne veux plus avoir affaire avec cette voiture ! »* Heureusement pour le Français, les problèmes sont liés au moteur et ne devraient donc pas se reproduire l'année suivante, avec l'arrivée de Honda.

Gasly atteint la Q3 au Brésil mais sa stratégie n'est pas bonne et il se retrouve avec des pneus en grande difficulté en fin de course. Assailli par son équipier, lui-même sous une menace pressante de Carlos Sainz, Gasly reçoit la consigne de laisser passer Hartley, mais refuse de le faire sans une attaque claire de son équipier. Interrogé après la course, il détaille les raisons pour lesquelles il a finalement abdiqué : *« Au bout du compte, nous avons fini 11ᵉ et 13ᵉ. J'ai dû le faire à deux tours de la fin parce que je manquais de carburant, je n'en avais plus pour la fin de la course, donc j'étais en rythme de croisière dans ces deux derniers tours. Je pense juste que si l'on est dans cette position, il faut se battre. En plus, il était en pneus super tendres neufs, j'étais à l'agonie avec mes mediums. Je leur ai dit que s'il était vraiment plus rapide, il pouvait me dépasser, mais pour une raison que j'ignore, il ne l'a pas fait pendant les dix tours suivants. Mais après, nous étions dans une situation si critique au niveau du carburant que je l'ai fait à deux tours du but. »* Interrogé sur la possible colère de Helmut Marko, Gasly rappelle que son équipier est son premier rival et qu'il n'est « pas là pour le laisser passer ». Si Marko ne réagit pas, Hartley est en colère car son ingénieur lui avait confirmé que Gasly le laisserait passer : *« Quand on me demande de laisser passer, je le fais, et j'aurais ajusté ma course en fonction. Si on nous dit de nous battre, ça me va, mais si on nous dit autre chose… bref. J'ai lancé quatre ou cinq attaques en m'attendant à ce qu'il me laisse passer, sans succès. Le reste, je ne sais pas. Finalement, j'ai fait la manœuvre proprement, mais j'ai détruit mes pneus. C'est un peu frustrant de finir 11e et pas 10e.* » Hartley a résisté à Sainz mais n'a en effet pas pu remonter sur Pérez pour aller chercher une position dans les points. Le Néo-Zélandais est d'autant plus frustré qu'il semble évident que sa carrière en Formule 1 s'arrêtera après une seule saison, puisque Toro Rosso a rappelé Daniil Kvyat et vise un engagement d'Alex Albon pour la saison suivante. Pour Gasly, la saison se termine à Abu Dhabi avec deux problèmes de moteur et un abandon.

CHAPITRE 9

UNE JOIE DE COURTE DURÉE

Comme annoncé dans l'été précédent, Gasly rejoint officiellement Red Bull Racing lors des essais de fin de saison 2018 à Abu Dhabi, afin d'avoir une préparation préliminaire à son arrivée dans une équipe de pointe, et ainsi pouvoir profiter de ce travail pour poser les bases des mois le séparant de ses grands débuts aux côtés de Max Verstappen. Après un mois de janvier passé à Santa Monica, en Californie, c'est affûté physiquement que le Français revient en Europe pour fêter son anniversaire en famille. En effet, la FIA a fait évoluer les règlements dans l'hiver pour éviter que les pilotes n'aient à s'assoiffer en course. Désormais, le baquet, ses fixations et le pilote doivent peser un minimum de 80 kilos. Cela permet aux plus grands gabarits de ne pas être pénalisés, après que Marcus Ericsson a révélé en 2018 qu'il n'embarquait pas de boisson pendant la course pour réduire sa masse totale. Pour les pilotes les plus légers, cela se traduit par la possibilité de prendre du poids et d'améliorer leur masse musculaire sans se pénaliser sur le plan de la performance. *« Pas trop, juste ce qu'il faut,* précise le Français à *L'Équipe. Deux kilos de muscle, essentiellement sur la partie haute du corps. »*

Mais les essais hivernaux disputés fin février sur le circuit de Barcelona-Catalunya, en banlieue de la ville catalane, ne se passent pas comme prévu pour le remplaçant de Daniel Ricciardo. Un premier accident l'a mis dans une situation délicate pour la semaine d'essais, avec un manque de roulage et un premier coup porté à sa confiance. Mais c'est surtout lors de l'avant-dernière journée que Gasly connait un accident qui va changer le cours de sa saison 2019. Après une erreur et une roue placée dans l'herbe en virage, la Red Bull flanquée du numéro 10 part en tête-à-queue et frappe la barrière de pneus par l'arrière. *« C'est sans doute l'un des plus gros crashs de ma carrière »*, déplore le pilote au micro de la RTBF, se disant *« un peu secoué. Ce n'est pas idéal de finir les essais hivernaux de la sorte. J'ai commis une erreur, j'ai "ouvert" un peu trop à l'entrée du virage 9, et au moment où j'ai braqué, la roue arrière était sur le vibreur, et la voiture est partie. À ce moment-là, on est à 230 kilomètres heure, et même en contre-braquant, il n'y avait rien à faire, j'ai perdu la voiture. Il y a beaucoup de dégâts, mais on va se concentrer sur les tests de ces derniers jours, il y a eu beaucoup de positif.* »

Des accidents qui vont immédiatement le mettre sous pression dans son équipe, puisque Christian Horner règle immédiatement ses comptes avec son pilote, l'accusant de causer déjà des difficultés à Red Bull dans la préparation de la saison. « *L'équipe est très, très occupée. Il y a la première course à préparer à l'autre bout du monde. Et Pierre a encore plus occupé l'équipe après son accident* », a lancé le Britannique, comme un autre avertissement. Et c'est dans cette ambiance délétère qu'il va commencer la saison, aux côtés d'un Max Verstappen en pleine éclosion.

C'est pourtant son équipe qui donne à Gasly son premier contre-temps de la saison lors du Grand Prix d'Australie, en ne lui faisant faire qu'un seul run en Q1. Son 17e temps synonyme d'élimination dès la première phase des qualifications est une grande déception, mais le Français n'y est pour rien. Le lendemain au départ, il est légèrement percuté par Robert Kubica mais prend un bon départ et gagne une place. Sur une stratégie à un seul arrêt, il remonte jusqu'à la sixième place à la faveur des arrêts, et repart 11e après son unique passage par les stands. Une place à laquelle il termine sa première course pour Red Bull, avec la déception d'une mauvaise qualification sans laquelle il aurait pu atteindre les points facilement.

Sur les lieux de sa très belle performance de la saison précédente, à Bahreïn, Gasly est à la peine. Treizième en qualifications et admettant ne pas être à l'aise dans la RB15, Pierre n'apprécie pas le pilotage de sa nouvelle monoplace. En course, c'est tout l'inverse de Melbourne que lui propose Red Bull, et il s'arrête dès les premiers tours avec deux autres pilotes qui ont fait un premier relais très court. Bien plus à l'aise en rythme de course, il multiplie les dépassements, notamment sur la Toro Rosso du débutant Alex Albon. Il entre dans les points au 22e tour en dépassant Sergio Pérez. Lors de son deuxième arrêt, il repart de nouveau derrière Albon mais parvient de nouveau à dépasser le Thaïlandais, puis il profite de l'abandon des Renault devant lui en toute fin de course pour terminer huitième et inscrire ses premiers points pour Red Bull.

En Chine, les Red Bull sont très performantes et Gasly atteint pour la première fois de la saison la Q3. Verstappen et lui se qualifient en troisième ligne, non sans la frustration de n'avoir eu qu'une tentative en Q3 à cause d'un mauvais timing. En course, il lui faut quelques tours pour se mettre dans le rythme de son équipier, et il perd de nouveau du temps en deuxième moitié de course, mais il termine à une sixième place qui n'empêche pas les premières rumeurs de faire surface à son sujet.

Christian Horner évoque de nouveau les accidents du début de saison pour justifier le retard de Gasly face à Verstappen, mais le directeur de Red Bull dément pour l'instant un quelconque remplacement par Daniil Kvyat ou Alex Albon, s'attendant à « des progrès importants » de son pilote dès que le championnat reviendra sur des circuits européens qu'il connait davantage.

Ce n'est pas en Azerbaïdjan qu'arrivera cette rédemption, puisque son équipe ne le prévient pas qu'il doit passer à la pesée, et il est pénalisé d'un départ depuis la voie des stands. Sa première place en Q1 passe inaperçu dans une journée où il se fait éliminer en Q2 puis finalement exclure de la séance pour un problème de débitmètre. En mediums au départ, il profite d'une stratégie décalée pour remonter jusqu'à la cinquième place, avant un abandon sur panne mécanique.

Après ce week-end à oublier, Gasly se rassure en Espagne avec une sixième place en qualifications, et le même résultat en course après s'être battu avec les Ferrari et la Haas de Kevin Magnussen tout au long des 66 tours. Monaco est aussi un très bon week-end pour le tricolore, qui est à son aise dans les rues de la Principauté et signe le cinquième chrono à quatre dixièmes de Verstappen, qualifié troisième. Il prend le départ de la huitième position après avoir gêné Romain Grosjean en Q2 et se retrouve septième dès le premier tour en dépassant la Toro Rosso de Kvyat. Il est malheureusement ralenti par Daniel Ricciardo, cinquième avec sa Renault, derrière qui il perd beaucoup de temps dans les premières boucles face au groupe de tête composé de Lewis Hamilton, Valtteri Bottas, Verstappen et Sebastian Vettel. La voiture de sécurité qui sort après un accrochage en fond de peloton lui permet de revenir dans le coup, et sa stratégie bien exécutée lui permet de terminer cinquième et de signer le meilleur tour en course, comme il l'avait fait en Chine. L'avantage que possèdent les trois équipes de pointe sur le reste de la grille lui a permis d'effectuer un deuxième arrêt sans perdre de place et bénéficier d'un dernier relais très rapide.

Malgré des résultats plus constants qu'en début de saison, les rumeurs se multiplient au sujet d'un licenciement. En arrivant au Canada, c'est Nico Hülkenberg qui répond aux bruits de paddock selon lesquels Red Bull l'aurait contacté. «C'est une *fake news*», sourit l'Allemand, tandis que Gasly est bien moins amusé par ce jeu de bluff : *«Je n'ai pas envie de perdre mon temps avec ce genre de conneries»*, assène-t-il à la veille des essais libres.

Gasly répond à ce bruit en piste avec une belle cinquième place en qualifications, devant la Mercedes de Bottas. De nouveau ralenti dans les premiers tours par la Renault de Ricciardo, c'est surtout sa stratégie qui met le Français en difficulté en course, puisqu'il doit passer par les stands au septième tour seulement, après un départ en pneus tendres. Reparti dans le peloton, il se retrouve derrière la Racing Point de Stroll, plus véloce en ligne droite que le moteur Honda qui équipe la Red Bull, et perd du temps, notamment face aux Renault. Débarrassé du Canadien, il reprend du rythme, trop tard pour espérer mieux qu'une huitième place à un tour du vainqueur.

En France, il se qualifie neuvième à une seconde de Verstappen, quatrième, et à près de deux secondes de la pole position. En manque de rythme, il a dû chausser les pneus tendres en Q2 et devra s'élancer avec les enveloppes les plus fragiles au départ. Néanmoins, les pneus tendres ont une meilleure longévité qu'au Canada et il passe par les stands au 17e tour. Mais la RB15 est rétive et il se débat tout au long d'une course dont il franchit l'arrivée en 11e position. Seule une pénalité pour Ricciardo, qui a dépassé hors-piste dans le dernier tour, permet à Gasly d'inscrire un point.

Se plaignant d'une monoplace qu'il n'arrivait plus à manier à partir du samedi matin et plombé par une stratégie loin d'être idéale, Gasly est pourtant accusé par Horner d'être le principal responsable de son week-end décevant : *« Pierre est sorti devant Ricciardo et n'a pas su lui résister. Il faut vite revoir les choses avec lui »*, déclare le directeur de l'équipe autrichienne dans le communiqué de presse suivant la course. Mais c'est Helmut Marko qui attaque le pilote français en arrivant sur le Red Bull Ring, où se déroule la neuvième manche de la saison : *« La performance et la vitesse que montre Gasly sont tout simplement inacceptables »*, assène le conseiller de l'équipe, déplorant un « écart trop grand » entre les deux monoplaces.

Mais le Grand Prix d'Autriche ne sourit pas davantage à Gasly, qui signe le neuvième temps en qualifications et s'élance huitième après une pénalité pour un de ses rivaux. De quoi être déçu, car avec un dixième de mieux, il se serait qualifié cinquième. En course, il effectue quelques dépassements mais termine à un tour de Verstappen, vainqueur controversé de la course après une attaque plus que limite sur Charles Leclerc dans les derniers kilomètres. Mais le mal est fait pour Gasly, dont l'équipier a fait triompher Honda et offre à Red Bull un succès à domicile.

La prestation de Gasly a poussé Marko à poser un ultimatum au Français dont il a jugé la performance en Styrie « inacceptable ». Horner essaye d'être plus diplomate auprès du journal autrichien Osterreich : *« Nous savons ce dont il est capable en tant que pilote, et nous savons qu'il peut faire bien mieux que ce qu'il a accompli jusqu'ici cette saison. En Autriche, plus il en faisait, plus il était lent. »* Avant le week-end, Marko est lui aussi un peu plus doux, avec un ferme démenti auprès de Motorsport-Total d'un remplacement de Gasly à court terme :

> *« Il en est hors de question. Nous essayons de mettre Gasly dans le bon rythme, c'est notre mission. Nous voulons le soutenir de la meilleure des manières. »*

Est-ce grâce à cet élan de soutien que Gasly signe son meilleur week-end de la saison en Grande-Bretagne ? C'est bien possible, car la pression de plus en plus insistante n'a pas porté ses fruits avant cela. Mais à Silverstone, le Français signe le meilleur chrono des EL1 et se qualifie cinquième à trois dixièmes de Verstappen. En course, il termine quatrième, devant Verstappen qui a été accroché par Vettel. Mais avant cet accrochage, l'écart entre les Red Bull était inférieur à cinq secondes, confirmant le bon rythme de la voiture au numéro 10.

Il continue sur sa bonne lancée lors des qualifications du Grand Prix d'Allemagne, avec le quatrième chrono, non sans une frayeur en Essais Libres 2 avec un accident. Dans des conditions mouillées, il rate son départ et pointe huitième à la fin de la première boucle. Pire, Red Bull effectue un double arrêt pour chausser les pneus intermédiaires à Verstappen et Gasly, et ce dernier doit attendre la fin de l'arrêt au stand de son équipier pour effectuer le sien. Il ressort dernier et doit maintenant effectuer une course de remontée, plutôt qu'être dans le top 10 comme il l'espérait. La météo chaotique oblige les pilotes à s'arrêter à de nombreuses reprises, les averses étant nombreuses et assez courtes à Hockenheim. Remonté à la sixième place au fil des tours de ce qui devient une course à l'élimination, il tente de déborder Albon mais le Thaïlandais se décale devant lui et les deux hommes s'accrochent. C'est l'abandon à deux tours de l'arrivée, et il est classé 14e. Ce qui le sauve, c'est la perte de temps aux stands derrière Verstappen qui a ruiné sa course, et Marko assure même que Gasly gardera sa place jusqu'en fin de saison.

Alors que les rumeurs à son sujet s'éloignent à son arrivée en Hongrie, théâtre de la dernière course avant la pause estivale, Gasly se qualifie sixième à huit dixièmes de Verstappen. En course, il rate son départ et pointe au neuvième rang dans les premiers virages. Ralenti par le groupe dans lequel il se trouve, composé notamment des deux McLaren, il passe la deuxième moitié de course derrière Carlos Sainz, qu'il ne parvient pas à dépasser dans la courte ligne droite du tracé magyar. Sixième à l'arrivée, la même position qu'au départ, Gasly termine à un tour de Verstappen une nouvelle fois, ce qui relance instantanément les rumeurs à son sujet, dès les minutes qui suivent la course. Mais Horner réitère ses propos du Grand Prix d'Allemagne et va plus loin en faisant une promesse : Gasly terminera la saison chez Red Bull, assène-t-il alors que la Formule 1 se met en pause pour quatre semaines.

CHAPITRE 10

UN DRAME QUI RELÈGUE LE SPORT AU SECOND PLAN

Pendant ce break obligatoire de l'été, les choses s'agitent pourtant en coulisses. Huit jours après la déclaration de Horner, Marko appelle Gasly un matin pour lui annoncer ce qu'il ne pensait pas entendre : il est rétrogradé chez Toro Rosso et échange son baquet avec Albon, qui est promu dans l'équipe première après seulement six mois en Formule 1. Red Bull l'assure à Gasly, ce n'est pas un désaveu définitif, et il est encore dans le radar de Horner et Marko pour un baquet en 2020 aux côtés de Verstappen. Mais en attendant, il doit refaire ses classes dans l'équipe de Faenza, et il retrouve Daniil Kvyat à ses côtés.

Selon Mathieu Zangarelli, le fait d'avoir été traité durement par Red Bull pendant les années de formules de promotion a aidé Gasly à surmonter ce qui était alors la pire déception de sa carrière :

> *« C'est probable. On a gardé des liens assez proches avec Pierre, et je me souviens de cette où il était chez Red Bull. Sa performance n'était pas ridicule, mais ça a été perçu comme un échec. Mais il avait vécu cela plusieurs fois dans cette structure et il n'a pas baissé les bras. Mais c'est peut-être le tournant qui lui a fait comprendre qu'il devrait sortir de cette structure, et qu'il ne pourrait pas évoluer au sein de celle-ci comme il le voudrait. Max Verstappen était arrivé, et il savait qu'il n'arriverait pas à avoir la position qu'il voulait en Formule 1 sans sortir de ce giron. Et je pense que sa réflexion s'est activée à ce moment-là, même s'il ne me l'a jamais dit. Je pense qu'il a compris qu'il serait toujours un second couteau, ce n'était pas ce qu'il souhaitait et il savait qu'il devait aller vers un nouveau projet. »*

Gasly se qualifie 14e pour son retour chez Toro Rosso, quatre positions devant Kvyat, et même devant Albon, qui a subi des problèmes de moteur sur l'ancienne voiture du Français. Mais quelques dizaines de minutes après la fin des qualifications à Spa-Francorchamps, c'est l'horreur en Formule 2 : un énorme accident survient en haut du Raidillon, impliquant plusieurs pilotes, dont Juan Manuel Correa et l'ami de Gasly, Anthoine Hubert, qui sont les deux plus gravement touchés. Correa est dans un état grave avec une cheville en piteux état, des fractures aux deux jambes et des lésions à la colonne vertébrale, mais c'est bien du côté de Hubert que l'inquiétude est la plus vive. Avec raison, puisque peu après 18 heures 30, la FIA annonce que le jeune pilote de 22 ans n'a pas survécu à ses blessures, jetant l'effroi sur les paddocks de F3, F2 et F1, toutes présentes pour le Grand Prix de Belgique.

Gasly perd un de ses meilleurs amis, avec qui il avait été en colocation pendant leurs jeunes années de pilotes, et avec qui il gardait un lien très fort. Le lendemain, il explique à TF1 à quel point il est dévasté par ce drame :

> « *C'est très difficile d'y croire et de se rendre compte de ce qui se passe. C'est quelqu'un avec qui j'ai passé tellement de moments depuis tout petit, j'ai fait toute ma carrière, j'ai grandi avec lui, on a vécu dans le même appartement, on a fait nos études ensemble. C'est vraiment pour moi quelqu'un d'incroyable, une très belle personne, en plus d'être un super bon pilote. Encore à Budapest, on a passé des dîners ensemble, il m'a envoyé un message cet été,*

> *on était vraiment proches. C'est juste super dur, il n'y a pas mot pour décrire des moments pareils. C'est vrai que ça remet un peu les pieds sur terre sur tout ce qui peut se passer, mais je n'arrive pas à réaliser, parce que pour moi c'était plus qu'un pote, il faisait partie de mon cercle fermé de gens avec qui on a tout fait. On a grandi ensemble, que ce soit dans notre vie professionnelle ou personnelle, et c'est vraiment difficile.* »

Deux jours, plus tard, il se fend d'un message sur les réseaux sociaux dans lequel il rappelle leur passé commun, et lui promet de vivre la vie à laquelle Anthoine Hubert aspirait : *« Je vais continuer à poursuivre les rêves que nous avons tous les deux depuis que nous sommes tout petits.* » Une autre promesse intervient le dimanche 1er septembre, jour de course au Grand Prix de Belgique se déroulant dans une ambiance évidemment très triste, celle de Charles Leclerc à Pierre Gasly, après que le Français lui dit sur la grille : « Gagne-la pour Anthoine ». Le Monégasque, lui aussi très proche de Hubert, assure qu'il va tout faire pour et, près de 90 minutes plus tard, franchit la ligne en vainqueur pour la première fois de sa carrière. De son côté, Gasly termine neuvième de la course, un résultat solide même s'il est derrière Kvyat sous le drapeau à damier. Mais l'aspect sportif et toutes les difficultés de Gasly durant l'été sont tristement reléguées au second plan, alors qu'il va maintenant assister aux obsèques d'un de ses meilleurs amis.

En Italie, il arrive avec un casque en hommage à Anthoine Hubert, arborant la couleur rose au milieu des logos de Toro Rosso. Après une sortie de piste le vendredi, il se qualifie 15e et prend le départ en 17e place à cause de changements sur son moteur. En course, sa 11e place a tout du miracle puisqu'il a été impliqué dans un accrochage au départ et a dû passer par les graviers à la Variante Ascari quand Lance Stroll a redémarré devant lui.

Lors du Grand Prix de Singapour, il prend le départ au 11e rang et, grâce à une stratégie intelligente à un arrêt, parfaitement exécutée dans son pilotage, arrache les quatre points de la huitième place finale. En Russie, il se qualifie 11e mais recule de cinq positions à cause d'un nouveau changement de pièce sur son moteur Honda. En course, son départ en pneus tendres n'est pas une solution pertinente et il boucle la course en 14e place, non sans avoir évité de peu un accrochage avec Kvyat, qui s'était élancé dernier et boucle les 53 tours en 12e position.

Au Japon, il brille de nouveau en se plaçant dans le top 10 des qualifications qui se tiennent le dimanche matin à cause du typhon Hagibis qui a empêché tout roulage le samedi. Sa neuvième place sur la grille est remarquée, après des EL1 qu'il n'a pas courus pour laisser sa place à un pilote soutenu par Honda, Naoki Yamamoto. Il livre ensuite une course d'action, réussissant des dépassements et se battant contre des pilotes du top 5 sur un circuit qu'il connait parfaitement grâce à son passé en Super Formula. En fin de course, un incident étrange arrive alors que le drapeau à damier est agité un tour trop tôt à cause d'un dysfonctionnement informatique. Au bout de la ligne droite, Sergio Pérez attaque Gasly et les deux hommes se touchent, envoyant le Mexicain dans le mur de pneus. Mais le classement est entériné et Gasly termine à la huitième place dont Pérez voulait le déposséder.

La tournée nord-américaine débute mal pour Pierre Gasly, victime comme plus de 100 personnes dans le paddock d'une tourista qui l'affaiblit. Il se qualifie toutefois dans le top 10, ne voulant pas laisser son baquet à un remplaçant. Il faut dire que Helmut Marko n'a pas trop eu pitié du Français en début de week-end, lorsqu'on lui a demandé comment se présentait la suite du week-end si Gasly était malade : *« Si ça ne va pas, il devra mettre des couches ! »*, a lancé l'Autrichien. À peu près en forme pour la course, Gasly se lance avec les pneus tendres au départ, et il doit rapidement passer par les stands pour chausser des gommes plus résistantes. Après deux arrêts, il franchit la ligne en dixième position juste derrière son équipier Kvyat, qui est pénalisé pour avoir sorti Nico Hülkenberg de la piste, offrant une place et un point à Gasly.

À Austin, il se qualifie de nouveau dans le top 10 et opte encore pour des pneus tendres au départ. Malheureusement, il a encore maille à partir avec Pérez, qui le percute en passant en force lors d'une lutte vers la fin de course, tordant sa direction alors qu'il évoluait en neuvième position avant l'attaque du Mexicain. Deux tours après le contact, il est contraint de rentrer au garage, sa voiture étant impossible à conduire.

CHAPITRE 11

RETOUR AUX SOURCES ET SOULAGEMENT

Le week-end du Brésil commence bien pour Gasly, qui a retrouvé un bon capitale confiance depuis son retour chez Toro Rosso, laquelle a annoncé une semaine auparavant qu'elle deviendrait AlphaTauri en 2020. Dans la foulée, le directeur Franz Tost confirme que Gasly et Kvyat seront encore au volant des monoplaces de Faenza l'année suivante, le duo étant satisfait avec une présence régulière dans le top 10 ou près de celui-ci. De quoi renforcer un peu plus le mental du pilote tricolore, trois mois après sa rétrogradation. Bien évidemment, il y a une part de frustration de ne pas être repris par Red Bull, où Alex Albon est prolongé, mais Gasly a de quoi être rassuré en voyant que ce contre-temps ne signifie pas la fin de sa carrière en Formule 1.

Regonflé à bloc, il se qualifie sixième à Interlagos, loin devant Kvyat qui est éliminé en Q1. Il garde sa place au départ et évolue derrière Albon lors des premiers tours. Dépassé par Charles Leclerc et sa Ferrari trop rapides pour lui, il est septième lorsqu'il passe au stand pour la première fois au 23e tour, et il chausse des pneus mediums. Après un deuxième relais de 23 boucles également, Gasly embarque des gommes tendres pour la fin de la course. Au moment de l'entrée en piste de la voiture de sécurité pour retirer la Mercedes de Valtteri Bottas immobilisée à cause d'une panne, Gasly est de nouveau sixième. Mais au 66e tour, il gagne deux positions quand les pilotes Ferrari, Leclerc et Vettel, s'accrochent et provoquent de nouveau l'entrée de la Safety Car en piste. Gasly se retrouve troisième car Lewis Hamilton est rentré chausser des pneus tendres. Il est donc précédé de Verstappen et Albon, et il a Hamilton derrière lui pour la relance et les deux tours de course qu'il reste.

Hamilton ne fait qu'une bouchée de la Toro Rosso en début de tour, mais, trop pressé de passer Albon pour avoir le temps de s'attaquer à Max Verstappen, alors leader, Hamilton commet une faute et envoie le Thaïlandais en tête-à-queue, le privant de ce qui aurait dû être son premier podium en Formule 1. Gasly se faufile à l'intérieur et s'empare de la deuxième place.

Dans le dernier tour, avant la longue remontée vers la ligne d'arrivée, Hamilton se blottit dans son aspiration et se déporte pour attaquer la monoplace du Français. Les deux hommes font toute la montée côte à côte et c'est Gasly qui a le dernier mot. Il signe ainsi son premier podium en carrière avec une deuxième place inattendue et retentissante. Soulagé et ému, Gasly est félicité dans le parc fermé par son ancien équipier Verstappen, ainsi que par Hamilton, qui va également sur le podium mais est pénalisé sur tapis vert. Il laisse la troisième place à Carlos Sainz, qui ne peut pas profiter de son premier top 3 en catégorie reine car informé ultérieurement de la décision des commissaires.

Quelques jours après ce premier podium, Pierre Gasly se confie dans une vidéo publiée par Red Bull, racontant la bataille avec Hamilton et les émotions ressenties :

> *« J'avais Lewis Hamilton derrière moi dans le dernier virage et je pouvais voir son aileron avant à côté de moi. J'attaquais à fond pour obtenir le plus de puissance possible de la voiture, j'enfonçais le bouton "overtake". »*

Une tactique qui paie, car le déferlement de puissance du moteur Honda lui a permis de résister à Hamilton.

Une fois le drapeau à damier franchi, Gasly a hurlé dans son casque :

> *« J'ai commencé à crier, de bonheur, de pure joie, jusqu'à ce que je commence à perdre ma voix. Tant d'émotions se sont emparées de moi. Ce sentiment était incroyable. J'ai réagi d'une manière inattendue, même pour moi. Dès que j'ai franchi la ligne, j'étais dans un autre monde. Les émotions étaient si fortes. L'année 2019 est digne d'un script d'un film après tout ce qui m'est arrivé. Les choses n'ont pas fonctionné comme je l'aurais voulu au début, mais j'ai vraiment travaillé dur pour rebondir, montrer ma vitesse et mon talent. J'étais si heureux, mais cette année a été aussi difficile, pleine d'émotions. Surtout après la perte d'un de mes amis, Anthoine Hubert. J'ai franchi la ligne et j'ai pensé à lui. Nous avons grandi ensemble, et j'ai pensé que je vivais un moment auquel nous avions tous les deux rêvé. Pour l'équipe aussi, cela signifiait tant, c'était incroyable de voir tout le monde heureux. J'ai entendu tant de bruit ensuite. J'ai pensé que je pouvais entendre la fin de mon nom être chantée, mais je n'étais pas sûr. J'ai découvert ensuite que les fans chantaient "Gasly", c'était un moment incroyable. Quelque chose que je n'oublierai jamais pour le reste de ma vie. »*

La saison se finit par une mauvaise performance à Abu Dhabi, malgré une qualification à la porte du top 10. Percuté par Lance Stroll au départ et envoyé sur Pérez, le contact avec les deux Racing Point ruine sa course, qu'il termine en 18e position. Mais l'important est ailleurs pour Pierre, qui a sauvé sa carrière en F1 et a montré qu'il était de retour en pleine possession de ses moyens avec ce podium qui a marqué la saison 2019.

La saison 2020 ne débute pas de manière conventionnelle, malgré des essais hivernaux classiques, durant lesquels AlphaTauri est dans le peloton. La pandémie de Covid-19 fait son apparition et paralyse le monde à partir du mois de mars, annulant en dernière minute le Grand Prix d'Australie et reportant de plusieurs mois le début de saison.

Il faut attendre le mois de juillet pour que le championnat débute à huis clos par deux courses en Autriche. Qualifié 12e, Gasly réalise une course très solide et se classe septième à l'arrivée, ce qui permet à l'équipe AlphaTauri d'inscrire ses premiers points en championnat du monde. Le Grand Prix de Styrie se passe différemment puisqu'il se qualifie septième sous la pluie mais termine hors des points, la faute notamment à un contact avec Daniel Ricciardo au premier tour.

En Hongrie, où il fête son 50e Grand Prix en Formule 1, Gasly se qualifie de nouveau dans le top 10, non sans subir des problèmes mécaniques au niveau du moteur. Mais c'est sa boîte de vitesses qui le trahit en course, et il doit mettre pied à terre au 15e tour. Silverstone accueille à son tour deux Grands Prix en deux semaines, comme le Red Bull Ring avant lui. Le Grand Prix de Grande-Bretagne précède celui du 70e anniversaire. Lors de la première des deux manches anglaises, il se qualifie 11e, ce qui lui permet de viser un bon résultat car il peut opter pour des pneus mediums au départ et non des gommes tendres comme lorsqu'il se qualifie dans le top 10. Après plusieurs dépassements, notamment sur Vettel et Stroll, Gasly franchit la ligne d'arrivée du GP de Grande-Bretagne en septième position. La semaine suivante, il se qualifie mieux avec un départ en septième position, mais il paie ses gommes tendres au départ et passe sous le drapeau à damier en 11e position.

Le Grand Prix d'Espagne confirme les bonnes dispositions de Gasly au volant de l'AlphaTauri, puisqu'il se qualifie dixième et termine neuvième après avoir passé la course en lutte contre la Red Bull d'Albon et les McLaren. Un Grand Prix peu intéressant pour les spectateurs, mais qui renforce un peu plus la confiance de Gasly, un an presque jour pour jour après son éviction de Red Bull. En revanche, hors de question pour le Français de viser un retour chez Red Bull, alors que Red Bull s'impatiente face aux performances stagnantes d'Albon, qui affiche maintenant un retard similaire à celui de Gasly face à Verstappen. Ce qui étonne l'ancien pensionnaire de l'équipe de Milton Keynes en conférence de presse au GP d'Espagne :

> *« Cela se passe bien maintenant et je suis plus rapide qu'Alex, mais ce n'est pas important et ce n'est pas mon objectif. Alex est rapide, il était rapide dans le passé et je ne sais pas ce qui lui arrive actuellement. Marko est heureux des performances, il passe beaucoup de temps chez Red Bull donc je ne le vois plus beaucoup. Je n'y pense pas, je ne veux pas dépenser trop d'énergie dans cela. AlphaTauri est mon seul objectif actuellement. »*

Au Grand Prix de Belgique, le retour sur le circuit où son ami Anthoine Hubert a perdu la vie un an auparavant est difficile pour Gasly, qui arbore un casque rose en hommage à son ami disparu. Le jeudi, il dépose un bouquet de fleurs en présence de plusieurs pilotes, dont Juan Manuel Correa, encore en fauteuil roulant. Cette septième manche de la saison voit Daniil Kvyat battre Gasly en qualifications pour la première fois d'une saison qui a commencé moins de deux mois auparavant pour un total de 17 manches réparties sur vingt-trois semaines. Mais avec une stratégie à un seul arrêt grâce à un départ en pneus tendres, il remonte jusqu'à la huitième position et ajoute quatre points à son total, notamment grâce à un très beau dépassement sur Sergio Pérez en bas du Raidillon, qui lui vaut le prix de Pilote du jour décerné par le public.

CHAPITRE 12

LE JOUR DE GLOIRE EST ARRIVÉ

C'est donc avec le plein de confiance que Gasly se rend à Monza pour la huitième course en dix semaines, le Grand Prix d'Italie. La première journée, dominée par les Mercedes, se déroule particulièrement bien pour le Français, qui place son AlphaTauri en sixième position en fin de matinée, et en quatrième place lors des EL2 de l'après-midi. *« De loin le meilleur vendredi depuis le début de saison, a-t-il déclaré au terme de cette journée encourageante. Le feeling dans la voiture était vraiment bon ! »*

Qualifié dixième le lendemain, il reconnait au micro de Canal+ après la journée qu'il pouvait « difficilement faire mieux ». Avec le départ en pneus tendres et le rôle crucial joué par l'aspiration, il prévoit de remonter : *« J'espère ne pas avoir neuf [pilotes] devant moi pendant très longtemps, j'espère qu'on va remonter. »* Il reste pourtant dixième lors des 18 premiers tours de course, avant de perdre une place au profit de son équipier. Lors de la 20e boucle, Kevin Magnussen immobilise sa monoplace au bord de la voie des stands, près de l'entrée, et AlphaTauri appelle son pilote pour chausser des pneus durs. Il ressort 15e et la voie des stands est fermée juste après son passage, alors que Lewis Hamilton et Antonio Giovinazzi s'y engouffrent pour changer de gommes. Le peloton se regroupe pendant deux tours derrière la voiture de sécurité, et au milieu de l'intervention de celle-ci, les stands rouvrent. Les pilotes qui n'y sont pas encore allés s'exécutent, à l'exception de Lance Stroll qui reste en piste. Gasly hérite de la troisième place en piste derrière le Canadien, et derrière Hamilton qui est en tête mais sous enquête pour son passage par les stands. C'est aussi le cas de Giovinazzi, qui est cinquième en piste derrière son équipier chez Alfa Romeo, Kimi Räikkönen. La course est relancée pour quelques minutes avant que Charles Leclerc n'écrase sa Ferrari dans les barrières de la Parabolica. Le Monégasque est indemne mais après deux tours sous régime de voiture de sécurité, le drapeau rouge est brandi pendant une quinzaine de minutes pour réparer le mur de protection lourdement endommagé.

Avant l'interruption, la direction de course a annoncé que Hamilton et Giovinazzi avaient écopé d'un

« stop & go » de dix secondes en guise de pénalité pour être entrés aux stands alors que le feu était rouge. Au moment de la relance, le Britannique garde la tête de la course tandis que Gasly se défait de Stroll dès le premier tour compétitif après l'interruption. Le Canadien perd aussi des places face aux Alfa Romeo et à Carlos Sainz. Au tour suivant, Hamilton passe par les stands pour purger sa sanction, laissant Pierre Gasly en tête devant Kimi Räikkönen et Carlos Sainz, puisque Giovinazzi a lui aussi subi sa pénalité. Mais le Finlandais a opté pour des pneus tendres, et ceux-ci montrent rapidement des signes de faiblesse, alors qu'il reste une vingtaine de tours. Sainz prend l'ascendant sur l'Alfa Romeo au 34e tour et il pointe alors à quatre secondes de l'AlphaTauri de tête. Stroll prend la troisième place dans la foulée, face au vétéran du peloton qui ne va faire que reculer dans le classement à partir de là.

À 15 tours du drapeau à damier, l'écart entre les deux leaders passe sous les trois secondes, et Stroll pointe à un peu plus de cinq secondes. Mais les pneus de Gasly sont ceux qui s'usent le plus, et à sept tours de l'arrivée, Sainz n'est plus qu'à deux secondes. Trois tours plus tard, il n'y a plus qu'une seconde entre Gasly et son poursuivant, dont les pneus commencent également à souffrir, et à surchauffer en se rapprochant de la voiture devant lui. Lors des tous derniers tours, Sainz possède le DRS mais Gasly est impeccable et ne commet aucune erreur pour rester en tête jusqu'à la fin. Au terme d'un dernier tour qui aurait certainement provoqué les hourras des fans italiens si la course n'avait pas été à huis clos, Gasly s'impose avec 415 millièmes de seconde de marge sur un Sainz particulièrement frustré de manquer sa première victoire en Formule 1. Pourtant, l'Espagnol monte pour la première fois sur un podium. En effet, c'est son deuxième après celui du Brésil 2019, où il avait hérité de la troisième place sur tapis vert et n'avait pas eu la chance de le célébrer officiellement. Mais rien n'efface la déception de voir un autre pilote remporter son premier succès en catégorie reine.

En ce 6 septembre 2020, Pierre Gasly met un terme à 24 ans sans victoire française en Formule 1, puisqu'il n'y avait pas eu de Marseillaise depuis le succès d'Olivier Panis au Grand Prix de Monaco, le 19 mai 1996. Le podium inédit, sur lequel se trouve aussi Stroll, se déroule dans une ambiance différente de celui de l'année précédente, qui avait vu Leclerc monter sur la plus haute marche devant des milliers de tifosi déchaînés. Cette fois, les seuls hourras viennent des membres des équipes qui célèbrent les trois lauréats du jour. Après les traditionnelles remises de coupes et douche de champagne, Pierre Gasly s'assoit sur la plus haute marche du podium, et reste là pendant plusieurs dizaines de seconde, comme hébété par ce qu'il vient de réaliser.

> *« Je ne voulais pas partir, parce qu'on ne sait jamais combien de fois on va pouvoir profiter de ce genre de moments. J'aurais aimé que nous puissions avoir tous les tifosi et toutes les tribunes pleines de monde, parce que c'est probablement l'une des meilleures courses pour être sur le podium. Évidemment, le style de 2020 est un peu différent, mais je voulais néanmoins m'asseoir et prendre un moment pour moi afin de passer en revue les pensées qui me traversent l'esprit et profiter de ce moment »*, raconte le Français en conférence de presse.

Quelques minutes auparavant, il avait réalisé à quel point ce succès représentait la renaissance de sa carrière lancée avec le podium au Brésil l'année précédente :

> *« J'ai traversé tellement de choses ces 18 derniers mois, j'ai du mal à réaliser, et gagner ma première course ici à Monza c'est fou,* avait-il déclaré en interview après être descendu de sa monoplace. *C'est une journée incroyable, ça fait si longtemps qu'il n'y avait pas eu de vainqueur français ! Je me suis dit en arrivant en F1 que je voulais que ça*

change, mais je ne pensais pas que ça arriverait avec AlphaTauri. Je suis tellement heureux!»

Pour AlphaTauri, née Minardi et passée par l'identité Toro Rosso entre 2006 et 2019, c'est un deuxième succès après celui de Sebastian Vettel, sur ce même circuit de Monza en 2008. Gasly prend le temps de remercier son team pour le soutien qu'il a reçu, lui permettant un début de saison très solide : *« Je n'ai pas de mots, ils m'ont donné ma première occasion en F1, je leur donne ma première victoire, je ne peux pas mieux les remercier. »*

Pour Mathieu Zangarelli, voir son ancien protégé atteindre un tel sommet en carrière est émouvant, et il est plaisant d'avoir aidé à bâtir les fondations d'une carrière désormais bien ancrée au plus haut niveau :

« De la fierté, obligatoirement. Toutes proportions gardées, je me dis que je dois avoir une petite part de responsabilité dans ce succès. Mais elle est minime, il y a eu plein de gens qui ont gravité autour de Pierre pour l'amener où il est aujourd'hui. On a été proches durant plusieurs années donc j'ai certainement apporté une contribution. Il y a un peu de fierté mais je suis surtout ravi de voir Pierre évoluer à ce niveau et vivre de

sa passion car il le mérite amplement. C'est un très bon professionnel et un très bon sportif, et j'espère qu'il fera une longue carrière. Les premières étapes marquent forcément, je revenais de Spa le jour de sa victoire, et j'ai vu que la course se structurait, que la victoire pouvait arriver, et je ne peux pas dire que je n'ai pas eu la larme à l'œil. C'était un début d'aboutissement, même si je sais qu'il ne veut pas s'arrêter là. Mais il faut passer par là pour que la suite se concrétise, donc c'était une belle étape. »

Immédiatement, des bruits de paddock apparaissent et renvoient Gasly chez Red Bull, malgré les déclarations de Christian Horner dix jours plus tôt, qui a assuré que l'équipe de Milton Keynes n'a *« pas d'intérêt à remettre Pierre dans la voiture chez Red Bull. Il fait de l'excellent travail chez AlphaTauri. »* Mais une phrase laisse une porte ouverte : *« Bien sûr, nous observons ses progrès parce qu'il est un pilote de Red Bull Racing »*, faisant référence au fait que les pilotes des deux équipes du fabricant de boissons énergétiques disposent d'un contrat permettant de les envoyer sans préavis dans les deux équipes, au bon vouloir de Horner et du Dr Marko. Avec la victoire de Gasly, les propos de Horner résonnent davantage, et la fabrique à rumeurs se met en route.

Trois jours après, Helmut Marko assure à l'agence DPA qu'il n'y a « pas de réflexion » en ce sens chez Red Bull : *« Nous ne voulons pas procéder à un nouvel échange entre Gasly et Albon. Gasly est l'un des pilotes Red Bull actuellement chez AlphaTauri et il fait un bon travail là-bas. Nous avons aussi besoin d'un leader là-bas »*. Pour Gasly, le premier Grand Prix de Toscane de l'histoire de la Formule 1 au Mugello est une douche froide. Il se qualifie 16e à cause d'un problème de MGU-K en Q1 et ne franchit pas le premier tour de la course après un accrochage avec Räikkönen et Romain Grosjean.

En Russie, il effectue heureusement un retour dans les points, tandis que Kvyat enchaîne les top 10 au volant d'une AlphaTauri qui montre de belles choses dans le peloton. La Formule 1 se rend ensuite sur le Nürburgring pour le premier Grand Prix de l'Eifel et, malgré une réussite moindre qu'à Monza, le pilote français fait encore étalage de son talent pour exploiter une stratégie particulièrement efficace et d'un bon timing pour s'arrêter au stand. Douzième au départ, il franchit la ligne d'arrivée en sixième position en s'étant fendu de plusieurs dépassements sur Vettel, Leclerc, Räikkönen ou encore Grosjean.

Confirmant qu'il est l'un des « meilleurs des autres » dans un peloton de plus en plus serré, il se qualifie neuvième pour le Grand Prix du Portugal, le premier disputé à Portimão et le premier dans le pays depuis 1996. Et comme au Nürburgring, il livre une course d'attaque dès les premières boucles, se défaisant d'Alex Albon sur la Red Bull, puis de Räikkönen et de son Alfa Romeo. Grâce à un premier relais durant lequel il conserve longtemps ses gommes tendres dans un état satisfaisant, il bat ensuite les McLaren de Lando Norris et Carlos Sainz, qui souffrent avec des enveloppes du même composé, mais plus fatiguées. En conservant ses pneus mediums de la même manière dans le deuxième relais, ce qui lui permet de ne faire qu'un seul arrêt, il remonte jusqu'à une cinquième place finale qui lui permet de revenir dans le top 10 du classement des pilotes.

Continuant sa saison des circuits oubliés à cause de la pandémie, le championnat se tenant majoritairement en Europe, la F1 fait escale à Imola pour le Grand Prix d'Émilie-Romagne, à une quinzaine de kilomètres de l'usine d'AlphaTauri, située à Faenza. Une manche à domicile qui voit les deux pilotes de l'équipe atteindre la Q3, dont une quatrième place pour Gasly. Partageant la deuxième ligne avec son ancien équipier Verstappen, il se fait déborder par Daniel Ricciardo après le départ et reste cinquième pendant les sept premiers tours, avant d'être victime d'une fuite sur son

AT01, qui met un terme à sa course dès la huitième boucle. Un incident frustrant d'autant que Kvyat, qui s'élançait huitième, termine au pied du podium avec l'autre AlphaTauri.

Le Grand Prix de Turquie s'avère beaucoup plus compliqué pour le team italien et ses pilotes. Gasly est éliminé en Q2 puis renvoyé en fond de grille parce qu'il change de moteur. Lors d'une course disputée sur piste séchante, peu d'incidents viennent bousculer la hiérarchie et c'est une 13e place finale qu'enregistre le Français.

Le Grand Prix de Bahreïn voit le Normand se qualifier huitième et terminer sixième en chaussant des pneus durs lors de l'interruption causée par l'énorme accident de Romain Grosjean au premier tour. Avec un seul arrêt, sa gestion de pneus pourtant difficiles à tenir en bonnes conditions est cruciale pour arracher huit points de plus. Mais l'essentiel est ailleurs après l'horreur vécue en début de course : en se rabattant devant Kvyat, Grosjean est allé percuter les rails de plein fouet. L'avant de sa voiture a traversé la glissière tandis que l'arrière s'est arraché, fracturant le réservoir de carburant qui a causé un incendie monstre. Le pilote Haas est miraculé, il a passé une trentaine de secondes dans le feu et a pu s'extraire avec difficulté du brasier qu'était devenu sa monoplace.

Au micro de Canal+, le compatriote de Grosjean fait part de son effroi après avoir vu un autre de ses compatriotes en danger sur un circuit : « *Franchement ça a été horrible et choquant. Au début je n'avais aucune idée de ce qu'il s'était passé, j'ai vu les images ensuite. Je n'ai jamais vu ça de toute ma vie, ce n'est jamais arrivé dans ma génération. Quand je l'ai vu sortir, j'étais terriblement soulagé, je lui ai envoyé un petit message. Le Halo a encore prouvé, une fois de plus, son efficacité.* »

La semaine suivante, la Formule 1 est restée à Bahreïn pour le GP de Sakhir, qui se déroule sur le tracé extérieur du circuit, long de 3,543 kilomètres. Les écarts sont très serrés et Gasly est neuvième après s'être placé à 777 millièmes de seconde de la pole position malgré des dégâts sur le plancher, et seulement 248 millièmes de Kvyat, très bon sixième en qualifications. Septième lors des premiers tours après deux abandons parmi les pilotes dans le top 10, il tente deux arrêts avec un très long dernier relais durant lequel il perd de nombreuses places. La frustration est totale puisqu'à deux tours de l'arrivée, il sort de la zone des points en concédant la dixième place à Norris.

La dernière manche d'une saison très spéciale se tient de manière plus classique à Abu Dhabi, avec une dixième place en qualifications pour Gasly. Neuvième au départ à la faveur d'une pénalité pour Leclerc, il effectue une course solide et inscrit quatre points avec une huitième position à l'arrivée en guise de dernier résultat. Il termine l'année dixième au championnat, à égalité avec Stroll. Ce n'est pas mieux que sa septième place en 2019, où il fut bien aidé par un début de saison dans une des trois équipes dominantes, mais c'est bien plus haut que sa 15e place finale en 2018 pour sa première saison complète.

Interviewé par Konbini en fin de saison, il explique que 2020 a été « atypique », mais il n'en garde pas un bon souvenir sur le plan extra-sportif. Outre les deux mois de confinement, il retient aussi *« l'importance de la vie sociale. Cette année, ça m'a beaucoup manqué de ne pas pouvoir voir mes proches et mes potes. »* Dans ce contexte, il reconnait qu'il n'est pas le plus mal loti : *« 2020 a été une année horrible pour la plupart des gens, et moi, d'un côté, j'ai eu ma première victoire en F1, qui a été incroyable. »* Il dit néanmoins vouloir faire « mieux » en 2021, pour la deuxième saison d'AlphaTauri et sa quatrième complète en Formule 1. Il sait alors qu'il sera associé à un nouvel équipier, le protégé de Honda et Red Bull, Yuki Tsunoda.

CHAPITRE 13

UN LEADER INCONTESTÉ À FAENZA

L'année 2021 commence mal pour Pierre Gasly, testé positif au Covid-19 à la fin du mois de janvier. Après plusieurs jours en isolement, il est de retour en forme et quasiment trois semaines après son diagnostic, il est à Faenza pour la présentation de l'AT02, nouvelle création d'AlphaTauri, qui porte évidemment les espoirs d'un rapprochement avec les équipes de pointe après un exercice 2020 prometteur.

«*J'ai attribué mes bons résultats de l'année dernière au fait d'être plus expérimenté, car c'était ma troisième saison en F1 et aussi la première fois que je restais pour une deuxième saison complète avec la même équipe*», déclare Gasly au sujet de ses progrès dans le communiqué de presse qui accompagne la présentation de la monoplace.

Le règlement 2021 a été adapté pour limiter les coûts après la pandémie, les équipes étant pour plusieurs d'entre elles dans une situation financière délicate. Ainsi, le règlement technique n'évolue que peu, mais l'AT02 est quand même une monoplace différente de sa devancière, avec une partie avant totalement revue. Mais le principal changement intervient dans le cockpit de l'autre voiture avec l'arrivée d'un jeune débutant, auprès duquel Gasly se dit prêt à prendre le rôle du mentor.

« *L'arrivée de Yuki signifie que j'aurai plus de responsabilités au sein de l'équipe et je suis prêt à assumer le rôle de leader dans l'équipe. Il manque d'expérience, donc ce ne sera pas toujours facile pour lui, mais je pense qu'il a du talent, et ce sera aussi à moi et à l'équipe de lui montrer la voie. Son arrivée ne change pas vraiment mon approche, qui sera la même que l'année dernière* », poursuit le Français, réitérant sa volonté de continuer sur une dynamique positive instaurée depuis la fin 2019.

> « *Nous avions réussi à tirer le maximum de chaque course, à l'exception d'une ou deux. Nous devons donc continuer avec la même philosophie, car je crois vraiment que l'année dernière a été la meilleure de l'équipe sur le plan opérationnel, du développement, de la performance et de la gestion*

des week-ends. L'année dernière, nous avions une voiture qui nous a permis de nous battre à ce niveau, et je suis arrivé assez souvent en Q3. Cette année, j'espère que nous pourrons faire un pas en avant, qui nous permettra d'être plus près de l'avant du peloton. »

Et l'entame de saison va dans le bon sens, avec une cinquième place en qualifications au Grand Prix de Bahreïn. Malheureusement, il se fait dépasser par Lando Norris et Daniel Ricciardo successivement et, ne voulant pas perdre de temps derrière la McLaren de l'Australien, reste trop proche et le percute dans les virages rapides du deuxième secteur. Avec des dégâts sur l'aileron avant, sa course est compromise, d'autant que la moustache de sa voiture a endommagé le plancher. Après une course dans le fond de peloton, il abandonne à deux tours de l'arrivée sur ordre de son équipe, alors que Tsunoda marque les deux points de la neuvième place.

La deuxième course de la saison se tient à Imola, et Gasly confirme à la fois ses bonnes dispositions vues l'année précédente sur le même tracé, et à la fois le rythme solide l'AT02, en réitérant sa cinquième place en qualifications, à seulement trois dixièmes de la pole. Dans des conditions compliquées et évolutives, il est rapidement handicapé par des pneus pluie, qui l'obligent en plus à faire deux arrêts pour suivre l'assèchement de l'asphalte. Après une interruption due à l'énorme accident entre Valtteri Bottas et George Russell, Gasly se retrouve 14e puis 12e et remonte en fin de course en se défaisant d'Alonso et Räikkönen, puis franchit l'arrivée huitième. Il gagne une position avec la pénalité de Lance Stroll, qui écope de secondes secondes pour avoir dépassé… Gasly en étant hors de la piste. Le Français bénéficie donc de ce qui l'avait lésé plus tôt dans la course, et il ouvre son compteur de la saison avec les six points de la septième place finale.

S'il dit être « revenu de l'enfer » pour signer cette performance après la course au micro de Canal+, Pierre s'inquiète surtout des occasions manquées pour AlphaTauri après deux courses. L'équipe a marqué 6 points, contre 34 pour Ferrari et 41 pour McLaren, qui ne sont pourtant pas très loin en termes de performance pure.

> « *Je suis confiant pour la suite, il y a encore du travail à faire. Les McLaren sont extrêmement rapides, les Ferrari aussi. En qualifications on arrive à se bagarrer aussi, en course, on n'est pas trop arrivés à voir pour le moment. Entre Bahreïn et ce week-end, à chaque fois, on n'a pas eu des*

courses simples. Il va falloir se concentrer sur le dimanche, on est performants en qualifications, donc il va falloir aller chercher plus de points que ce qu'on a pris aujourd'hui », regrette-t-il.

Au Portugal, une troisième Q3 en autant de qualifications le place bien en vue de la course, mais le dimanche n'est pas idéal, avec notamment un manque d'équilibre de sa monoplace. Au cours de celle-ci, il perd une bataille contre Esteban Ocon et une contre Daniel Ricciardo mais en gagne une contre Carlos Sainz, ce qui lui permet d'arracher le point de la dixième place.

En Espagne, il rate la dernière partie des qualifications et s'élance 12e, avant de mal se positionner au départ et d'écoper de 5 secondes de pénalité. Après un dépassement autoritaire sur Stroll en fin de course, il tente en vain de dépasser Ocon et inscrit quand même un point de plus.

Ce qui est positif pour le Français, c'est le début de saison difficile de Sergio Pérez, remplaçant d'Alex Albon chez Red Bull, dans l'ancienne voiture de Gasly. Après quelques courses, le Mexicain peine à suivre Verstappen et ne fait pas mieux que ses prédécesseurs. Il reçoit toutefois le soutien de Helmut Marko, qui en profite pour tacler le tricolore : *« Pérez progresse constamment. […]*

Il n'essaye pas de réinventer la voiture comme le faisait Gasly ». Mais peu importe, sa cote est en pleine hausse après des performances de premier choix, et le Grand Prix de Monaco va renforcer cette popularité dans le paddock.

Qualifié sixième en Principauté, sur un circuit où le pilotage est d'une importance cruciale, il s'élance cinquième car Charles Leclerc, le poleman, a eu un accident en fin de qualifications et sa voiture a été mal réparée. Ses adversaires du jour sont des pilotes de premier choix, puisqu'il retient Hamilton tout au long de la course, tandis qu'il se retrouve en lutte avec Vettel après une phase d'arrêts au stand, ce dernier parvenant à dépasser l'AlphaTauri au terme d'une manœuvre parfaitement réussie et digne du quadruple champion du monde qu'il est. C'est la seule position qu'il perd en course et il signe une très belle sixième place dans les rues de Monte-Carlo. Un bon résultat qui le propulse en neuvième position au classement avant une nouvelle course urbaine, cette fois sur le très rapide circuit de Bakou, à l'occasion du Grand Prix d'Azerbaïdjan.

Entre temps, AlphaTauri se penche sur le cas Tsunoda qui, depuis ses deux points de Bahreïn, vit une période difficile avec un manque de performance évident face à son équipier, et un début de polémique qu'il a lui-même initié. Un mois plus tôt, il avait attaqué son équipe et le traitement qu'elle lui réservait : *« J'ai toujours un feedback différent de celui de mon équipier. À chaque fois c'est différent, c'est à se demander si j'ai la même voiture. »* Des commentaires qui lui avaient valu l'obligation de s'excuser publiquement, ce qu'il avait fait. Pour le recadrer, Franz Tost a décidé de le faire emménager à Faenza pour le garder sous contrôle et lui imposer de travailler davantage depuis l'usine. De quoi renforcer la place de leader de Gasly, qui continue d'imposer le tempo au sein de l'équipe italienne.

À Bakou, il se qualifie quatrième, à seulement deux millièmes de seconde de Verstappen avec qui il partage la première ligne, après avoir signé le meilleur chrono des EL1 le matin. Pour fêter ce bon résultat, Tsunoda signe sa première entrée en Q3 avec le huitième temps, confirmant que l'AT02 est à son aise sur un tracé urbain, même totalement différent de celui de Monaco. En course, le Français perd rapidement une place au profit de Pérez, mais il en gagne une au stand aux dépens de Leclerc. Cinquième à la mi-course, il grappille une position supplémentaire après la crevaison de Stroll, qui envoie l'Aston Martin dans le mur et provoque l'entrée en piste de la voiture de sécurité. À la relance, Vettel prend l'ascendant sur Gasly pour le gain de la quatrième place, laissant ce dernier aux prises avec un Charles Leclerc particulièrement véloce, alors qu'il avait signé la pole position la veille.

Mais au 45e tour, c'est le coup de théâtre avec une crevaison pour le leader Verstappen, qui propulse Gasly en quatrième position et renvoie en piste la Safety Car. Le drapeau rouge est déployé, car la direction de course craint d'autres incidents liés aux gommes, qui viennent déjà de provoquer deux crashs à haute vitesse. Tous les pilotes ont donc la liberté de chausser des pneus tendres pour une relance qui durera deux tours, avec un départ arrêté. Un départ durant lequel Hamilton se rate et tire tout droit dans l'échappatoire du premier virage, ce qui permet à Gasly de grimper sur le podium… pour quelques secondes, puisque Leclerc lui prend la troisième place ! Mais le Français ne s'en laisse pas conter et repasse la Ferrari au premier virage du dernier tour, et il profite d'un Norris très agressif derrière Leclerc pour ne plus être attaqué par le Monégasque.

Pour la troisième fois de sa carrière, Gasly monte sur le podium, accompagnant sur un podium totalement inédit Sergio Pérez, vainqueur pour la première fois sous les couleurs de Red Bull, et Vettel, qui place les couleurs d'Aston Martin dans le top 3 pour la première fois de l'histoire de la catégorie reine. De quoi laisser

Gasly sans voix, pour son troisième podium en trois saisons de suite :

> « *Incroyable, honnêtement, je ne sais pas quoi dire. C'était une course totalement folle, et les deux derniers tours étaient vraiment intenses. Quel week-end ! À chaque séance nous étions là. Les qualifications étaient énormes, je ne pensais pas que nous serions en lice pour un podium, mais nous l'avons fait. C'est incroyable d'obtenir un podium.* »

Pour la première fois de la saison, celui qui ajoute 15 points à son total de la saison est heureux de saisir l'opportunité qui s'est présentée, comme il l'explique à sa descente de voiture : « *Avec une voiture du milieu de grille, il faut savoir saisir ces opportunités là quand elles se présentent, je l'ai toujours dit. On aurait pu finir derrière la Ferrari, on s'est battus, et on a réussi à aller chercher ce podium.* »

En conférence de presse, il reconnait aussi qu'Alpha-Tauri peine à comprendre ses bonnes performances :

> « *Même si nous devons analyser et comprendre quand les choses ne vont pas bien, quand, au contraire, ça va vraiment bien comme ce*

week-end, nous devons aussi comprendre pourquoi, car pour l'instant nous n'avons pas vraiment la réponse. Évidemment, des surprises comme celle-ci sont les bienvenues plus souvent au cours de la saison, mais je pense que, plus que tout, nous devons comprendre d'où elles viennent. »

Des bonnes performances qui vont se prolonger deux semaines plus tard, pour sa course à domicile, avec une sixième place sur la grille. En course, une stratégie à un arrêt menée de manière impeccable lui permet de franchir la ligne d'arrivée septième, après avoir concédé une position à Ricciardo, qui a effectué lui aussi un seul arrêt mais a réalisé un *undercut* sur son rival.

La Formule 1 se rend ensuite sur le Red Bull Ring pour deux courses, comme l'année précédente. Cette fois, c'est le Grand Prix de Styrie qui précède celui d'Autriche, et la très belle série de Gasly se poursuit. Après une deuxième place en EL1 le vendredi, il se qualifie sixième pour le GP de Styrie. Malheureusement, un contact avec Leclerc dans la montée vers le virage 3 lui provoque une crevaison, et les dégâts consécutifs à celle-ci entraînent son abandon au terme de la première boucle. Une semaine plus tard, il se qualifie de nouveau sixième, soit son cinquième top 6 de suite en qualifications, et son septième en neuf courses. Mais après une course difficile, il signe une neuvième place amère, alors qu'il semblait avoir un rythme plus élevé. Le fait d'avoir abandonné au premier tour la semaine précédente ne l'a pas aidé : « *Je ne peux pas savoir comment les pneus se comportent* », regrette-t-il après sa sixième place en qualifications le samedi, tout en expliquant qu'il parvient à « optimiser » le comportement de sa voiture sur un tour rapide, et moins sur les longs relais.

L'avenir de Gasly est forcément abordé après cette série de performances remarquées, et des rumeurs l'associent à Alpine, où Esteban Ocon semble partant. Mais le contexte favorable à un départ de chez AlphaTauri ne dure pas, puisque son compère normand prolonge rapidement, et Helmut Marko dément l'idée même d'un départ, Gasly ayant encore deux ans de contrat dont Red Bull compte bien profiter, même si le renvoyer dans l'équipe première ne semble pas encore à l'ordre du jour.

Et pour le principal intéressé, c'est le même discours qui ressort après les deux manches en Autriche :

> « *Je suis très bien avec AlphaTauri, je suis vraiment content de ce que nous faisons. Mais personnellement, j'aimerais être en mesure de me battre pour de meilleures positions. Cela ne veut pas dire que je ne suis pas satisfait de l'endroit où je suis.*

C'est juste un objectif personnel et ce que je veux atteindre en Formule 1. Mais comme je l'ai dit, ce n'est pas une décision qui sera prise dans les prochains jours. Mon avenir pour le moment est entre les mains de Red Bull et nous verrons ce qui se passera pour l'année prochaine, j'en suis sûr, dans quelques semaines. »

En Grande-Bretagne, la qualification est décevante avec une 12e position, mais le week-end inaugure pour la première fois de l'histoire de la Formule 1 le fameux Sprint. Celui-ci doit établir la grille de départ de la course, mais Gasly ne gagne pas de position et s'élance également 12e le dimanche. Lors d'un Grand Prix marqué par un accrochage entre Hamilton et Verstappen, Gasly est victime d'une crevaison et termine 11e, alors qu'il semblait se diriger vers une arrivée en neuvième position avant cet incident.

Le Français retrouve des couleurs en Hongrie avec une qualification au cinquième rang, à moins d'un dixième de seconde de Pérez. Sur un circuit où la qualification est cruciale, il pense alors avoir fait le plus dur pour signer un très bon résultat, mais malheureusement, il est une victime collatérale du chaos total qui règne au premier virage. Bottas accroche Norris et l'envoie dans Verstappen, avant d'aller percuter lui-même Pérez.

Pris dans le tourbillon de voitures en perdition et de débris, Gasly évite le pire mais repart 12e, dans un groupe mené par la Williams de Nicholas Latifi. Moins performant, le Canadien laisse les hommes de tête s'envoler, en l'occurrence Ocon, qui gagne son premier Grand Prix, et Sebastian Vettel. Sainz, Alonso et Gasly parviennent à se défaire de la Williams, et voient ensuite Hamilton les passer.

Du côté du leader d'AlphaTauri, la belle remontée de début de course permet de franchir la ligne d'arrivée en sixième position, et de gagner un rang après la disqualification de Vettel. Grâce à un arrêt en toute fin de course, Gasly signe le meilleur tour en course et ajoute un point à son total. De quoi finir la première partie de saison de manière positive et vivre la pause estivale en toute sérénité, d'autant qu'il reçoit quelques jours plus tard les louanges de Helmut Marko : *« Pierre pilote à son meilleur niveau, c'est vrai, mais être numéro 1 dans une très bonne équipe sœur est une autre histoire que d'être numéro 2 de Max Verstappen dans la meilleure équipe. Nous examinons beaucoup ses progrès. Dans les deux prochaines années, nous déciderons si nous le libérerons sur le marché des transferts, quand son contrat se terminera, ou s'il ira à nouveau chez Red Bull. »* À défaut d'envisager une promotion – d'autant que Pérez est prolongé pendant la pause estivale à Milton Keynes –, son avenir en Formule 1 semble scellé.

CHAPITRE 14

LE « MEILLEUR DES AUTRES » SUR LA GRILLE

Revigoré par quatre semaines de pause, Gasly se qualifie encore dans le top 6 en Belgique, où il rend de nouveau hommage à Anthoine Hubert le jeudi. Sa sixième position de grille se transforme de facto en sixième place à l'arrivée, puisque la course tourne à la mascarade sous une pluie battante. L'inquiétude de la direction de course et les délais trop importants de décision font qu'aucun tour compétitif n'a lieu, les équipes parcourant trois tours derrière la voiture de sécurité avant que la course ne soit définitivement interrompue, trois heures quarante-cinq après l'heure initiale du départ. Le résultat sportif – la moitié des points seulement est distribuée – est anecdotique, tant il s'agit d'un fiasco pour la Formule 1 en matière d'organisation. Mais la dangerosité du circuit est connue de tous, et même si la grogne des fans est comprise par tous, les pilotes notent qu'il était difficile de lancer la course.

« On a toujours eu espoir et, malheureusement, à chaque fois la pluie ne s'arrêtait pas de tomber », a déclaré Gasly, amusé qu'on lui ait *« donné quatre points pour avoir réussi à suivre deux fois la voiture de sécurité. On se sent tous très embêtés aujourd'hui par rapport aux gens qui sont venus et espéraient voir une course, il ne s'est rien passé, et dans ces conditions ce n'est pas idéal. En piste c'était très compliqué, ce n'est pas l'après-midi qu'on avait souhaité. Le vrai danger était en termes de visibilité, si quelque chose se passait mal, que quelqu'un se mettait en travers de la piste en pleine ligne droite comme on a pu le voir dans le Raidillon, en arrivant à 250 kilomètres heure on aurait pu pulvériser la voiture qui était arrêtée. C'était ça, la difficulté, on ne voyait pas à 40 ou 50 mètres, je ne pense pas qu'il y avait de solution mais c'est pénible ! C'est pénible pour tous les gens qui sont venus, et même pour nous, c'était ennuyant. C'est malheureux que l'on n'ait pas pu courir. »*

Peu perturbé par ce fiasco, le pilote tricolore continue sur sa lancée et se place sur la grille à une exceptionnelle quatrième place à Zandvoort, égalant sa meilleure qualification d'Imola et confirmant qu'il se place désormais parmi les meilleurs dans l'exercice de la qualification. En course, il ne peut pas lutter contre Max Verstappen et les Mercedes, qui s'envolent et le laissent aux prises avec Charles Leclerc. Mais rapidement, l'AlphaTauri prend ses distances avec la Ferrari, et il s'isole en quatrième position. Après son passage au stand, il se paie le scalp de l'Alpine pilotée par Fernando Alonso pour ensuite remonter à la faveur des arrêts de ses rivaux, terminant ainsi à la même position qu'au départ.

Un nouveau résultat impressionnant qui n'est pas sans satisfaire le principal intéressé, puisqu'il savoure une course d'attaque lors des interviews d'après-course :

> *« Je suis extrêmement satisfait, c'est un super résultat pour nous, cette quatrième place, surtout sur une piste aussi compliquée. J'ai pris beaucoup de plaisir, avec un très bon départ. Il a fallu gérer Charles et les Ferrari derrière nous, il y a eu une belle bataille avec Alonso aussi, un beau dépassement, et j'ai pris beaucoup de plaisir pour faire ce très bon résultat. »*

Se félicitant d'être « sur une belle lancée », il reste conscient des raisons pour lesquelles il s'épanouit chez AlphaTauri, un an après sa victoire et deux ans après sa rétrogradation : *« On me laisse tranquille, on me laisse faire les choses comme j'en ai envie et ça se passe très bien. »* Un message clair envoyé à ses dirigeants, qui s'apprêtent alors à parapher un nouveau contrat pour le Français dans les jours qui suivent.

La maîtrise de Gasly, depuis maintenant plus d'un an, impressionne l'ensemble du paddock, loin de l'image fragile que renvoyait le pilote au moment de la fatidique décision de Red Bull à l'été 2019. Interrogé par Eurosport, son manager Guillaume le Goff rejoint les propos de son protégé et lance une pique envers les dirigeants de Red Bull :

> *« Quand vous êtes en lutte et qu'on vous dit, pendant six mois, que votre carrière en F1 est finie et que vous allez bientôt vous faire virer, vous n'êtes pas aussi à l'aise pour prendre des risques. Et quand on vous dit que vous êtes l'un des meilleurs pilotes de la saison, que vous faites partie des cinq meilleurs au monde, vous avez une tout autre confiance en vous. »*

Et de remettre au point certaines critiques qui durent concernant le Français, dont le début de saison 2019 est encore mal vu. Guillaume le Goff rappelle que son pilote est naturellement talentueux :

> *« Pierre n'a pas attendu Monza pour devenir bon. Il l'a toujours été. Mais on sait tous ce qu'il s'est passé dans sa carrière, il y avait toujours beaucoup de choses qui se passaient autour de lui. Beaucoup d'aléas, et pas un seul week-end*

ne ressemblait au précédent. Là, on a eu le temps de se construire une routine. Il y a des habitudes qu'on répète à chaque Grand Prix, et c'est aussi le cas de son coach, de son physio et de ses ingénieurs. Ça l'aide à se concentrer sur ses performances, et tout le monde se met à son rythme. »

De retour sur les lieux de son exploit de l'année précédente, Gasly espère enchaîner avec un très bon résultat alors que la Formule 1 vit le deuxième week-end de Sprint de son histoire. Qualifié sixième derrière le même trio qu'à Zandvoort et des McLaren particulièrement rapides sur le circuit italien, il ne s'attend pas au week-end catastrophique qu'il va vivre. Au départ du Sprint, il percute la McLaren de Daniel Ricciardo et casse son aileron avant qui se détache et se glisse sous sa monoplace dans la Curva Grande, un rapide virage à droite dont l'AlphaTauri ne sortira pas : Gasly traverse le bac à graviers et s'écrase contre les barrières. C'est une très mauvaise opération puisqu'en plus de gâcher son Sprint, c'est la grille de départ de la course principale qui se joue. En effet, elle se base sur le classement de la petite course du samedi, et il est donc relégué en fond de grille. De quoi être frustré, car ces 18 tours ont été particulièrement calmes, et il aurait pu s'assurer une position dans le top 10 sans problème pour la grille du dimanche. Au lieu de cela, il s'élance même des stands, son accident ayant entraîné des changements de spécifications sur la voiture interdits par le régime de Parc fermé. Mais son expérience du dimanche va tourner court, puisqu'un problème de suspension consécutif à l'accident de la veille le contraint à mettre pied à terre dès le troisième tour : les années se suivent et ne se ressemblent pas en Lombardie.

En Russie, sa décevante 12e place en qualifications est entièrement imputable à son équipe, qui ne l'écoute pas lorsqu'il demande à rentrer chausser des pneus intermédiaires neufs. En effet, la piste est mouillée et les pilotes enchaînent les tours avec les mêmes gommes. Mais celles chaussées sur l'AlphaTauri au numéro 10 commencent à fatiguer, et il demande à en changer au milieu de la Q2. Il sait qu'il faudra quelques minutes pour les mettre en condition et il espère alors avoir de bonnes conditions pour la fin de cette partie de la qualification, puisque l'asphalte s'assèche. Mais son équipe le rappelle au stand bien trop tard, et il n'a le temps de signer qu'un seul tour rapide avec ses pneus neufs, encore trop froids. En glisse dans tous les virages, il explose de colère après son élimination et peine à décolérer quelques minutes plus tard au micro de Canal+ : *« Je ne préfère pas trop parler parce que sinon je vais m'énerver et ça ne sert à rien. On rate une opportunité énorme »*, lance-t-il, avant d'expliquer le déroulé de la qualification, puis de justifier une telle frustration :

« La seule chose qu'il fallait faire, c'était être au bon moment sur la piste avec les bons pneus, et on ne l'a pas fait. La voiture était performante, on avait une voiture pour se qualifier dans le top 5. C'est là qu'on doit être, que je dois me qualifier si l'on fait les choses correctement. Il y a des voitures qui sont devant nous et qui ne devraient pas l'être. »

Difficile de lui donner tort quand le trio de tête au départ se constitue de Lando Norris, Carlos Sainz et George Russell, sur des McLaren, Ferrari et Williams qui sont depuis plusieurs courses inférieures à l'AlphaTauri. Face au risque de pluie pour la course, Gasly s'élance en gommes dures, espérant rester en piste jusqu'au besoin potentiel de chausser des pneus intermédiaires. Une stratégie qui lui permet de remonter jusqu'à la cinquième place, mais il recule ensuite en fond de classement quand il doit finalement s'équiper de mediums. La pluie fait son apparition en fin de course mais le Français est malchanceux : d'abord harponné par Lance Stroll, ce qui lui vaut un spectaculaire tête-à-queue à 360 degrés ; il est ensuite appelé un tour trop tard au stand par son équipe, et il ne fait pas mieux que 13e à l'arrivée.

Après deux contre-performances consécutives, Gasly compte bien se relancer dès le Grand Prix de Turquie, lors d'un week-end de nouveau marqué par la pluie. Cette fois, heureusement, il n'y a pas d'incompréhension entre le pilote et son équipe, et il signe le cinquième temps des qualifications, qui se transforme en quatrième place de grille après la pénalité de Lewis Hamilton. Le départ est houleux pour le Français, qui se retrouve coincé entre deux voitures dans le premier virage et envoie Alonso en tête-à-queue. La FIA ne fait pas preuve de son habituelle clémence du premier tour et ne considère pas que la piste, pourtant détrempée, constitue une circonstance atténuante, et inflige cinq secondes de pénalité au Français. Rien qui ne le perturbe, puisqu'il profite des écarts créés avant son arrêt au 40e tour pour purger sa pénalité sans réellement perdre de temps. S'il perd deux positions par rapport au départ, ce sont la Red Bull de Sergio Pérez et la Mercedes de Lewis Hamilton qu'il n'a pas pu retenir, et cela n'entache pas sa belle sixième place finale qui marque un retour dans les points après deux résultats frustrants.

Aux États-Unis, c'est un week-end à oublier malgré une huitième place sur la grille, le Français étant victime d'un problème de capteur sur la grille, puis d'un bris de suspension qui met fin à sa course rapidement. Il se démarque néanmoins par un dépassement sur Valtteri Bottas et sa Mercedes, peu avant son abandon. Mais la tournée nord-américaine se montre bien plus intéressante pour Gasly lors de l'escale mexicaine, où il fait de nouveau une performance remarquée, avec une qualification en cinquième place et une quatrième place finale. Loin du trio de tête composé des Red Bull et de Lewis Hamilton, il parvient à distancer les Ferrari et finit sa course en solitaire à une minute du vainqueur, et avec presque vingt secondes d'avance sur Charles Leclerc.

L'ancien pilote de Formule 1 devenu double champion de Formule E, Jean-Éric Vergne, a expliqué à Eurosport ce qui permet à Gasly d'être le « meilleur des autres » dans une AlphaTauri pourtant aux prises avec des Ferrari, des Aston Martin et des Alpine parfois plus rapides :

> *« Tout ça, c'est du mental. Si vous êtes en confiance et que vous devez freiner plus tard, vous le ferez. Le Gasly d'AlphaTauri est le même pilote que le Gasly de Red Bull. Mais chez AlphaTauri, il est dans la zone, et c'est la preuve que le mental est la chose la plus importante en F1. »*

Au Brésil, sur les lieux de son premier podium en Formule 1, il se montre encore à son avantage avec une quatrième place sur la grille pour le troisième Sprint de la saison, derrière les Red Bull et Valtteri Bottas. Un mauvais départ et la remontée stratosphérique de Hamilton depuis le fond de grille lui valent de perdre quatre places à l'arrivée du Sprint, mais il en gagne une pour la grille de départ de la course grâce à une pénalité pour le septuple champion du monde. Au terme d'une course d'attaque durant laquelle il se bat – et gagne – contre Vettel, Norris, Ocon et Alonso pour signer une belle septième place.

Lorsque la Formule 1 se rend pour la première fois au Qatar, l'AlphaTauri au numéro 10 se bat de nouveau pour une place parmi les meilleurs, et Gasly signe le quatrième temps des qualifications en cassant son aileron lors de sa deuxième tentative en Q3. Un événement qui va malgré lui l'avantager, puisque des drapeaux jaunes sont déployés et que ni Verstappen ni Bottas ne ralentissent suffisamment. Les pénalités qui en découlent contre les deux pilotes lui permettent de se retrouver en première ligne le dimanche, pour la première fois de sa carrière. Conservant sa place au départ, il se fait rapidement déborder par Alonso et Verstappen, puis un peu plus tard par Pérez quand ses pneus tendres commencent à se dégrader.

Et cela va être le problème de sa course, durant laquelle la stratégie à deux arrêts sans utilisation des pneus durs va coûter cher au Français. Voyant ses performances s'effondrer à chaque fin de relais, Gasly termine la course en 11e position et déplore une voiture bien moins maniable que la veille. Une opportunité manquée dont il assume en partie la faute, car il explique que sa casse de la veille a causé des modifications profondes sur sa voiture. « *Hier, on a changé tout l'aileron avant et le plancher après l'incident en qualifications, je ne sais pas si ça a eu un impact mais la course a été très frustrante,* déclare-t-il après l'arrivée. *Aujourd'hui, on n'était nulle part, il faut dire les choses comme elles sont, on ne mérite pas de terminer dans le top 10.* »

Alors que la Formule 1 se dirige pour la première fois de son histoire en Arabie saoudite, Gasly est parmi les premiers à pointer la dangerosité du circuit de Djeddah et de ses 27 virages, dont certains sont très rapides entre les murs. Cela ne l'empêche pas d'être parmi les plus rapides dès les essais libres et de se qualifier sixième. Une place qu'il conservera jusqu'à l'arrivée pour inscrire huit points supplémentaires avant la finale d'Abu Dhabi.

Une finale durant laquelle il signe un très bon résultat au terme d'un week-end paradoxalement difficile pour lui. Éliminé en Q2 et qualifié 12e, il est battu par Tsunoda qui se place huitième sur la grille. Décidant de s'élancer en gommes dures, il profite d'une voiture de sécurité virtuelle pour changer ses pneus et remonter dans la hiérarchie. Lors de la dernière apparition de la voiture de sécurité de la course, durant laquelle Michael Masi prendra des décisions controversées qui déboucheront sur un scandale autour de l'attribution du titre mondial, Gasly en profite pour chausser des pneus neufs, ce que ne fait pas Valtteri Bottas devant lui et qui lui permet de gagner encore une place pour terminer cinquième. Un très bon résultat d'ensemble puisque Tsunoda franchit l'arrivée juste devant son équipier en quatrième position, et les 22 points inscrits par AlphaTauri lui permettent de terminer à 13 points de la cinquième place occupée par Alpine. Le total de 142 unités de l'équipe, dont 110 inscrites par un Gasly impressionnant tout au long de la saison, est le record pour l'équipe de Faenza depuis l'arrivée du barème en 2010, battant les 107 points de la saison précédente.

Sortant de sa meilleure saison en carrière, et ce malgré l'absence de victoires par rapport à 2020, Gasly est classé septième par les patrons d'équipes lors de leur traditionnel vote de fin d'année. Ils élisent Max Verstappen meilleur pilote de 2021, devant Lewis Hamilton et Lando Norris. Suivent Carlos Sainz, Charles Leclerc, Fernando Alonso et Pierre Gasly, qui a donc marqué les esprits. Au moment de tirer le bilan de sa saison, il ne cache pas son plaisir d'avoir vu AlphaTauri évoluer à un très haut niveau lors des 22 courses qui ont formé ce championnat qu'il termine au neuvième rang avec 110 points.

> *« Ce que nous avons réalisé en tant qu'équipe, par rapport aux années précédentes d'AlphaTauri et de Toro Rosso, est incroyable. Je suis vraiment fier de l'équipe, et plein d'espoir pour l'année prochaine. Parce qu'ils ont prouvé cette année qu'ils pouvaient être performants à très haut niveau »*, explique-t-il, heureux d'avoir pu jouer de bons résultats sur l'ensemble de la saison.

> *« Cette année, il n'y a pas eu de victoire et il n'y a rien qui puisse battre cette sensation. Mais sur l'ensemble de la saison de 22 courses, je dois dire que j'ai apprécié les 22. Arriver sur un week-end de course en sachant que vous allez vous battre pour des points, que vous allez vous battre avec des Ferrari et des McLaren, c'est un tout autre type d'excitation. Je dois dire que j'ai adoré ça toute l'année, et j'espère vraiment que ce sera le cas l'année prochaine. »*

Néanmoins, il reconnait que la nouvelle réglementation châssis et aéro qui arrive, avec le retour de l'effet de sol en Formule 1, comporte un risque de chuter dans la hiérarchie, même s'il ne veut pas y penser :

> « *Je suis toujours très fier de ce que nous avons réalisé et de ce que j'ai réalisé. Vous savez, 110 points, ça n'arrive pas très souvent avec AlphaTauri. J'ai beaucoup apprécié cette saison. Je sais que l'année prochaine pourrait être très différente.* »

CHAPITRE 15

UN COUP D'ARRÊT PLUS QU'UN RENOUVEAU

Au moment de débuter la saison 2022, la Formule 1 prend un nouveau tournant avec le retour de l'effet de sol, une technologie qui avait été interdite dans les années 1980 car jugée trop dangereuse. Bien évidemment, c'est dans une version totalement différente qu'il revient alors, puisqu'il ne comporte plus d'éléments mobiles comme c'était le cas plusieurs décennies auparavant. Plus sûr mais tout aussi efficace, il permet de limiter l'influence de l'aérodynamique sur l'appui, tout en gardant une bonne adhérence en piste. L'effet de sol n'a jamais disparu des voitures, puisqu'il y avait déjà un diffuseur à l'arrière dont le rôle était similaire, mais le fond plat disparait au profit de planchers creusés par des sillons créant l'effet d'aspiration. Et avec ce changement arrive un tout nouveau package aérodynamique qui oblige les équipes à repartir de zéro dans le développement de leur monoplace.

Au moment d'aborder cette saison, la confiance n'est pas totalement de mise du côté du département technique de l'équipe, car son statut de cliente de Red Bull utilisant des pièces de la monoplace conçue par Adrian Newey dans l'équipe première l'oblige à faire des compromis. Jody Egginton, le directeur technique d'AlphaTauri, l'explique au moment des essais hivernaux auprès de Nextgen-Auto :

« À l'arrière de la voiture, en tant que client, nous avons récupéré le choix technique de Red Bull et nous avons travaillé sur l'aérodynamique autour de ce concept. C'est l'inconvénient d'être client mais nous pensons avoir optimisé la voiture autour de cela. Choisir la configuration de suspension est une décision à prendre plus tôt dans le programme que d'autres décisions. À ce moment-là, nous étions en train de développer le plancher […] et quand Red Bull a pris sa décision, nous avons développé notre voiture autour. On utilise la boîte de vitesses, le système hydraulique et les suspensions arrière de RB, les suspensions avant sont les nôtres. Quand il y a des gros changements, ils nous gardent dans la boucle, on voit le design évoluer et tout changement a un impact. Ce n'est pas comme quand on avait des pièces datant de l'année précédente et que le

> *design était fixe. Il faut s'adapter, et nous avons réussi à le faire et à être flexibles.* »

Une flexibilité qui a forcément des inconvénients en matière d'efficacité, car AlphaTauri a dû attendre que Red Bull fasse ses choix de développement sur la partie arrière que l'équipe italienne récupère intégralement pour ensuite lancer le développement de la partie avant de sa monoplace. Difficile dans ces conditions d'être aussi rapide que la concurrence, ou d'avoir un développement aussi efficace. Du côté de Gasly, les premières impressions sont bonnes malgré une sortie de piste pendant les essais hivernaux, même s'il n'a alors aucune idée de la place de son équipe dans la hiérarchie.

> « *Ce furent des essais productifs et je pense qu'il a été très intéressant pour tout le monde de voir comment ces nouvelles voitures se comportent sur la piste,* débriefe le Français après la première partie des tests hivernaux disputée à Barcelone. *Nous avons beaucoup appris à chaque roulage, sur notre voiture et aussi sur le pilotage. Je dois dire que c'est très différent de piloter ces voitures, visuellement bien sûr, mais aussi dans la façon dont elles réagissent, et même dans la façon de prendre les virages et de freiner.* »

Les essais de Bahreïn se montrent même plus prometteurs, avec un meilleur temps lors de la première journée et une bataille en piste, certes symbolique, avec Lewis Hamilton pendant quelques tours lors de ces tests.

> *« J'ai été surpris de me battre avec Lewis pendant quelques tours, mais c'était amusant. C'était intéressant de le suivre et d'avoir des données et du feeling en suivant d'autres voitures. Je pense que c'est clairement mieux que l'an dernier, ce qui me rend optimiste en matière de batailles en piste pour la saison. »*

Car l'objectif de ces nouvelles voitures est d'offrir un meilleur spectacle en piste en réduisant drastiquement la traînée aérodynamique générée par les monoplaces, leur permettant de se suivre de près sans perdre trop d'appui ni subir trop de perturbations. Et de ce côté-là, Gasly semble convaincu : « C'était clairement meilleur. On s'est dépassés plusieurs fois chacun, on est restés proches l'un de l'autre et c'était clairement mieux, donc les batailles devraient être amusantes cette année.

Sur le plan de la performance pure, le clan AlphaTauri joue la prudence malgré les quelques moments de brillance durant ces essais, et le leader du team ne fait pas exception :

> « *De notre côté, il y a du travail à faire pour améliorer la performance et l'équilibre de la voiture,* poursuit-il au terme des essais hivernaux. *Mais je pouvais voir que Lewis était aussi en difficulté, et je pense qu'ils ont du travail pour se battre parmi les meilleurs. Mais ce ne sont que des essais, ça fait partie du test, il faut explorer comment tirer le maximum de la voiture.* »

Le meilleur temps de Gasly lors des EL1 du Grand Prix de Bahreïn, première manche de cette saison du renouveau, est évidemment là pour ajouter de l'espoir à cette entame de saison, mais le miracle n'a pas lieu en qualifications, où il atteint néanmoins la Q3 et se place dixième sur la grille, tandis que Yuki Tsunoda cale en Q1 avec le 16e temps. Le pilote tricolore gagne deux places au départ, en perd une au stand mais la reprend en piste face à Fernando Alonso. Malheureusement, alors qu'il occupe toujours la huitième place au 45e des 57 tours que compte la course, le moteur Honda de son AlphaTauri prend feu et Gasly doit se garer sur le bord de la piste, provoquant une neutralisation. C'est un fiasco pour le constructeur japonais, dont le moteur est rebadgé « Red Bull Powertrains », puisque dans les trois derniers tours de course, les deux Red Bull de Max Verstappen et Sergio Pérez doivent abandonner à cause de problèmes mécaniques liés au V6 hybride. Seul Tsunoda termine la course parmi les quatre voitures équipées du bloc nippon, et il signe une belle huitième place compte tenu de sa position de départ.

En Arabie saoudite, le sport est relégué au second plan le vendredi quand un missile s'écrase sur un dépôt du pétrolier Aramco, sponsor de la Formule 1 et de l'équipe Aston Martin, à une douzaine de kilomètres du circuit de Djeddah pendant les EL1. La deuxième séance du vendredi a lieu comme prévu, malgré l'incendie qui fait rage sur les lieux de l'attaque menée par le Yémen, qui est en conflit ouvert avec l'Arabie saoudite. Le soir, les pilotes, les équipes, la FIA et la Formule 1 se retrouvent pour une réunion concernant les suites à donner à ce week-end. Pendant plus de quatre heures, le débat fait rage derrière des portes vitrées qui montrent Stefano Domenicali et Mohammed Ben Sulayem, respectivement PDG de la F1 et président de la FIA, discuter avec les acteurs principaux du championnat. Les pilotes parlent énormément, et l'on voit notamment Lewis Hamilton et Pierre Gasly parmi les plus actifs. C'est à 2 heures du matin, heure locale, que la réunion se termine. Les pilotes sortent avec, pour la plupart, le visage fermé. Interrogé par Canal+ lors de son retour dans le motor-home AlphaTauri, Gasly confirme qu'une décision a été prise, non sans montrer de l'agacement, et révèle que les pilotes sont tous du même avis : *« C'était important de discuter de la situation entre nous, mais je n'en dirai pas plus pour le moment. Chacun a donné son avis et on est tous alignés sur nos intentions. »* On imagine alors qu'ils militent pour une annulation du Grand Prix, surtout après les propos de Hamilton, qui demande du « changement » pour que la Formule 1 continue à venir sereinement à Djeddah, et rappelle que les pilotes sont « pieds et poings liés » par leur contrat.

Mais la nouvelle tombe rapidement : le Grand Prix d'Arabie saoudite 2022 aura lieu en dépit de cette inquiétante attaque près du circuit. Le lendemain, Gasly se qualifie neuvième après un problème d'embrayage lors des essais libres et Tsunoda ne peut pas prendre part à la qualification à cause d'un autre problème de fiabilité sur le moteur Red Bull Powertrains. Plus que la performance, c'est bien la fiabilité qui inquiète chez AlphaTauri en ce début de saison. En course, le pilote français arrache une huitième place au courage, alors qu'il est victime de terribles douleurs au ventre, et reconnait que ce résultat le satisfait tout particulièrement :

> *« Je pense que nous pouvons être satisfaits du résultat, et, de mon côté, ce furent les 15 derniers*

> *tours les plus douloureux de ma carrière. Je ne sais pas ce qu'il s'est passé avec mon intestin, mais c'était comme si je mourais dans la voiture. Je criais à cause de la douleur et j'étais si heureux quand la course était terminée. À chaque freinage ou virage à gauche, c'était comme si quelqu'un me poignardait l'intérieur de l'intestin, ce n'était vraiment pas agréable. C'était seulement du côté droit, je dois voir un docteur. Durant les cinq derniers tours, il était uniquement question de survivre. Je souffrais horriblement et je comptais les tours restants, et c'est pourquoi cette huitième place me rend si heureux.* »

Bien loin du sérieux débat de l'attaque de Djeddah, ce sont les sous-vêtements qui sont au centre des discussions quand la F1 se rend à Melbourne deux semaines plus tard, après que le directeur de course a imposé le port de dessous ignifugés par les pilotes, les menaçant de contrôles aléatoires pour vérifier s'ils en portent. De nouveau, Gasly se fait porte-parole de ses pairs et n'hésite pas à lancer quelques piques bien senties à la fédération, l'invitant avec un langage fleuri à vérifier les parties intimes de son corps. «*Je n'ai rien à cacher!*», tempête celui qui se montre de plus en plus loquace dans le paddock. Non content de devenir un pilote plus expérimenté, Gasly est désormais un pilote au franc-parler bien connu dans le paddock, et son honnêteté amuse autant qu'elle plait, dans un environnement où chaque mot doit être dosé et réfléchi. Auparavant, seuls Hamilton et Vettel osaient défier la fédération ou élever la voix sur des sujets importants ayant lien avec la Formule 1, comme les problèmes éthiques à se rendre dans certains pays ou la défense de l'environnement. Mais la nouvelle génération dont fait partie Gasly, et dans laquelle on trouve aussi des pilotes très cash comme Lando Norris ou George Russell, n'hésite pas à prendre la parole sur les sujets qui fâchent. Et si l'exemple des sous-vêtements a de quoi amuser, il est le reflet de pilotes qui n'ont plus envie de voir la fédération dévier des sujets les plus importants pour se concentrer sur des choses moins cruciales. Lors du GP de Bahreïn, Gasly a d'ailleurs été un des leaders dans la prise de parole contre la guerre en Ukraine menée par la Russie, avec le port d'un casque aux couleurs du drapeau ukrainien. Un vent de fraîcheur qui est bienvenu, alors que jusque dans les années 2010, les pilotes étaient accusés d'être trop policés et trop timides dans leur expression.

En piste, les résultats sont légèrement en retrait de ceux de la saison précédente, et Gasly doit se contenter d'une 11e place en qualifications à Melbourne. Mais après une course d'attaque et malgré une petite sortie de piste, le Français inscrit deux points de plus. Mais c'est plus compliqué à Imola avec une 17e place en Qualifications Sprint, juste derrière son équipier. Au départ de la course de 100 kilomètres, il accroche l'Alfa Romeo de Zhou Guanyu et subit une crevaison qui le renvoie en fond de classement. Le Sprint servant à déterminer la grille de départ de la course, c'est la double peine pour Gasly, qui repart en fond de classement et ne parvient à se défaire que des Williams, avec une 17e place finale. En course, il remonte de quelques positions au départ mais ne parvient pas à faire mieux que 12e.

Deux semaines plus tard, la Formule 1 fait escale pour la première fois à Miami, où la FIA en profite pour intégrer aux vérifications techniques des voitures l'équipement des pilotes en matière de sous-vêtements ignifugés, ainsi que le contrôle du retrait de leur piercing. Mais cette fois, Gasly a d'autres intérêts que celui de la fédération pour ses équipements de sécurité, puisqu'il a rencontré une légende du sport mondial en marge du Grand Prix :

> *« Dîner avec Michael Jordan, c'était incroyable !* déclare le Français lors de la demi-journée réservée aux médias, qui se tient maintenant le vendredi matin. *De loin la meilleure expérience*

de ma vie, ce gars m'a toujours inspiré. Quel mental, quel succès. On dit qu'il ne faut jamais rencontrer ses idoles sous peine d'être déçu mais ce fut tout le contraire. C'est un génie dans sa mentalité, dans sa façon de penser. Je ne savais pas qu'il était un très grand fan de F1, un fou furieux même. Il connait presque l'histoire de ce sport mieux que moi. Il se lève tous les dimanches pour voir les Grands Prix. »

En piste, le Français est tout aussi inspiré puisqu'il se qualifie septième et lutte dès le début de la course avec Hamilton après l'avoir débordé au départ. Une fois passé par la Mercedes, il résiste à l'Alpine d'Alonso qui lorgne sur sa septième place. Malheureusement, il se fait harponner par le double champion du monde qui abîme sa suspension. Restant en piste pour jauger les dégâts causés à son AlphaTauri, Gasly se fait déborder de toute part et, au moment où Norris le passe, une mésentente entre les deux hommes envoie la McLaren en toupie et dans le mur. Il abandonnera quelques tours plus tard et rejettera sur la faute sur Alonso, qui a été pénalisé entre temps par les commissaires : *« C'est très simple, Fernando m'a percuté et a cassé la voiture, et après ça, c'était impossible à conduire. J'ai essayé de faire un autre tour, j'allais rentrer pour abandonner et il s'est passé l'incident avec Norris. »*

La série noire continue en Espagne avec une casse moteur en essais libres qui compromet son week-end. Qualifié 14e derrière Tsunoda, il termine une position au-dessus de celle du départ, non sans avoir été impliqué dans un petit accrochage avec Esteban Ocon au début de la course qui a compromis la tenue de route de sa monoplace. À Monaco, c'est Tsunoda qui entraîne la chute de son équipier en provoquant un drapeau rouge en fin de Q1. AlphaTauri ne renvoie pas Gasly assez vite en piste et il ne peut pas signer de dernier tour rapide sur une piste changeante, synonyme de 17e place sur la grille sur un des circuits les plus difficiles pour les dépassements. Sous la pluie, le Français fait des miracles en début de course en osant des pneus intermédiaires là où tous les pilotes sont en gommes pour la pluie et remonte jusqu'à la dixième place, avant de reculer à la défaveur des arrêts au stand, lorsque les conditions sont suffisamment bonnes pour chausser des pneus *slicks*. La deuxième partie de course s'avère bien plus calme et il termine à la porte des points. Même sans points à la clé, la course réussie lui redonne le sourire : *« Nous avons pris des risques aujourd'hui, j'ai demandé les intermédiaires dès le premier tour car nous n'avions rien à perdre. Nous avons réussi à dépasser quelques voitures et le rythme était bon, et je dois dire que j'étais très excité à bord du cockpit. C'était bien sûr difficile, ça glissait partout, mais c'était vraiment fun et c'est génial de piloter une Formule 1 à la limite ! Nous étions rapides lors de chaque séance d'essais et même en course aujourd'hui, c'est dommage de finir à la porte des points car je pense que nous méritions mieux ce week-end* », déclare-t-il aux médias après l'arrivée.

En Azerbaïdjan, il effectue son meilleur week-end de l'année en se qualifiant sixième, une troisième ligne qu'il n'avait plus retrouvée depuis la saison 2021. Pour redonner le sourire à AlphaTauri, Tsunoda est sur la quatrième ligne de la grille, signe que l'AT03 a du potentiel sur certains tracés. En début de course, Gasly résiste de nouveau à Lewis Hamilton, et il est ensuite bloqué derrière Alonso avec les pilotes McLaren. Avec l'arrêt du leader Leclerc et un dépassement sur Ricciardo, il s'empare de la cinquième place. Plus tard en course, il grimpe même au quatrième rang mais doit céder la position à un Hamilton en pleine remontée. C'est donc cinquième qu'il passe sous le drapeau à damier, expliquant après l'arrivée qu'il n'avait plus assez de pneus à disposition pour avoir un bon rythme en fin de course. Mais cela ne l'empêche pas de savourer un premier week-end vraiment réussi en 2022 :

> « *C'est vraiment super, je suis très content, ça a été un super week-end de la part de l'équipe et*

de tout le monde. Je suis extrêmement content, ça fait beaucoup de bien après le début de saison, car on a manqué de réussite. Hier on fait la meilleure qualification de la saison avec une sixième place, et aujourd'hui on fait une belle course. On était quatrième avec Lewis derrière pendant la majeure partie de la course, et quand on se bat avec les Mercedes, on sait qu'on fait du bon travail », déclare-t-il après la course.

Cependant, la joie qu'il éprouve est tempérée par le manque de performance intrinsèque de l'AlphaTauri. Si elle possède un bon grip mécanique, c'est-à-dire l'adhérence générée par l'interaction de la voiture avec la route, la monoplace de Faenza n'est pas un modèle d'efficacité aérodynamique, et cela limite ses performances sur de nombreuses pistes.

« *C'est clairement spécifique à ces tracés,* insiste Gasly après l'arrivée à Bakou. *À Monaco, on était très rapides dans les virages lents, ici on l'était dans les virages lents du deuxième secteur, on manque d'appui aérodynamique, on n'a pas la performance et la charge espérées. Sur des tracés similaires, on va pouvoir s'en sortir, on a un grip mécanique qui fonctionne correctement. Sur les circuits plus rapides, ce sera plus difficile tant qu'on n'aura pas les évolutions qui devraient arriver dans quelques semaines. »*

Alors que son avenir au sein du groupe Red Bull est incertain, ces commentaires ne sont pas innocents : Gasly veut que les prochaines nouveautés apportées à l'AlphaTauri soient efficaces et qu'elle ne recule pas dans la hiérarchie, face à une concurrence qui déroule des programmes d'évolutions très intenses en ce début de réglementation.

Une réglementation qui commence doucement à créer une énorme polémique : le marsouinage est jugé dangereux par les pilotes pour leur santé. Il s'agit d'un phénomène aérodynamique créé par les variations de pression sous les voitures, puisque le plancher est creusé et que d'importants sillons créent une succion vers le sol. La voiture est donc très proche de l'asphalte, mais quand cet effet d'aspiration arrive à son point de rupture du fait de la vitesse et de la pression, le plancher est éloigné de la piste, et le cycle se reproduit. La voiture se met alors à osciller de bas en haut comme si elle passait sur des bosses, c'est le marsouinage. Mais sur la ligne presque droite de plus de deux kilomètres de Bakou, cet effet de pompe a pour effet de mettre à rude épreuve les organismes, et en particulier le dos des pilotes. Le plus impacté est Hamilton, la faute à une

Mercedes très sensible à ce phénomène et à un âge plus avancé que son équipier Russell. Après la course, le septuple champion du monde peine carrément à sortir de sa voiture, et il a rapidement pris la parole pour dénoncer le problème de ces nouvelles voitures. À ses côtés, Gasly assume de nouveau un rôle de porte-parole sur un sujet délicat et fait partie de ceux qui demandent à la FIA d'agir lors du briefing des pilotes. Le dimanche soir du GP d'Azerbaïdjan, il compatit avec Hamilton et fait part de ses inquiétudes :

> *« Je plains Lewis dans cette voiture. Il faut trouver une solution, j'espère que la FIA va en trouver une. Nous en avons parlé au briefing des pilotes et nous ne voulons pas marcher avec une canne à l'âge de 30 ans. »*

Le sujet est rapidement abordé par la FIA, qui entend la peur des pilotes pour leur intégrité physique. Gasly révèle qu'il a lui-même changé son programme de préparation physique pour y intégrer un travail sur les tissus après les séances en piste, tandis que Toto Wolff révèle que les pilotes Mercedes subissent parfois jusqu'à 6 G de force verticale. Le jeudi suivant, en marge du Grand Prix du Canada, les pilotes remportent une victoire et la fédération impose une nouvelle directive technique visant à réduire l'oscillation du plancher des monoplaces, ce qui va diminuer aussi l'effet du marsouinage. C'est un succès politique pour les pilotes dont Pierre Gasly, alors que Red Bull voulait empêcher cette directive, ayant une des voitures les moins impactées par le phénomène de marsouinage.

«*Sans tenir compte de l'intérêt des équipes ou des voitures, nous disions tous que c'était trop*», réitère le Français à Montréal, s'opposant directement aux souhaits du directeur de Red Bull, Christian Horner, qui espérait forcer Mercedes à sacrifier de la performance pour limiter le problème.

> *« Vous ne pouvez pas vous rendre compte de ce que c'est, juste en regardant des caméras embarquées, ou de l'extérieur. Une fois que vous êtes au volant de la voiture et que vous vous faites frapper pendant une heure trente à 330 kilomètres heure, la perception est totalement différente, une fois que vous avez réellement expérimenté ce que c'est. Nous sommes les mieux placés pour discuter de cette question et je suis heureux qu'ils aient compris que c'est un sujet sérieux pour nous tous à l'avenir. Nous ne sommes pas ici juste pour nous plaindre, ce n'est pas comme si nous voulions nous plaindre de quelque chose, nous ne sommes pas comme ça. Nous aimons tous le sport tel qu'il*

est, nous essayons tous de le rendre meilleur et de le faire avancer, et c'est juste une préoccupation pour notre santé, à tous, avant de le relier à une quelconque performance », lance-t-il le vendredi matin.

En attendant l'arrivée de la directive technique, les pilotes doivent composer avec les douleurs. Du côté de Gasly, le week-end du Canada tourne au fiasco avec une élimination en Q1 à cause d'un problème de freins. Quinzième au départ grâce à une pénalité pour Leclerc, il s'arrête très tôt en course pour profiter d'une piste libre, mais voit ses concurrents le dépasser quand la Virtual Safety Car est déployée peu après, offrant un arrêt quasiment gratuit à tous ses rivaux. Classé 14e, ce n'est pas la stratégie ratée qui l'inquiète, et il met encore la pression sur son team : « *Le principal problème est que nous n'avions pas d'avantage de rythme [avec la piste libre] et nous devons comprendre pourquoi. Nous n'étions simplement pas compétitifs.* »

La veille, son directeur Franz Tost a assuré que Gasly resterait chez AlphaTauri en 2023 : « *Il sera notre pilote au sein de la Scuderia AlphaTauri en 2023. C'est confirmé à 100 %* », lance l'Autrichien en conférence de presse des patrons le samedi, et il coupe court à toute précision à apporter : « *Il a un contrat valide, il n'y a rien de plus à dire»*. Mais Tost reconnait que l'équipe n'a pas été à la hauteur depuis le début de la saison : *«Je suis vraiment heureux qu'à Bakou, nous ayons pu montrer à quel point il est bon. Et j'espère que nous lui fournirons une voiture compétitive pour le reste de la saison, car Pierre a la capacité d'être devant. C'est la responsabilité de l'équipe de lui donner une très bonne voiture. »*

Cinq jours plus tard, la nouvelle tombe de manière officielle avec un communiqué de presse qui confirme la prolongation du contrat en course pour une année. Se disant «fier» de son parcours dans l'équipe depuis la fin de saison 2017, il apprécie la stabilité que lui confère ce nouvel accord : *«Les nouvelles règles de cette année ont créé de nouveaux défis pour nous, et pouvoir planifier notre développement avec l'équipe pour les prochains dix-huit mois est une bonne base de travail pour le futur. »* Néanmoins, le timing de cette annonce intrigue, car Sergio Pérez a été confirmé chez Red Bull Racing jusqu'à la fin de la saison 2024, ce qui ferme la porte à toute remontée dans l'équipe première jusqu'en 2025.

CHAPITRE 16

STAGNATION ET ENVIES D'AILLEURS

Le Grand Prix de Grande-Bretagne est un nouveau test pour l'AlphaTauri AT03 et son package aérodynamique qui a évolué, tandis que la directive technique de la FIA n'est pas encore en vigueur. Gasly se qualifie 11e à Silverstone dans des conditions délicates, et le lendemain, il prend un excellent envol au moment de l'extinction des feux. Voulant s'infiltrer entre Zhou et Russell, il ne peut éviter la Mercedes qui se rabat légèrement sur lui, et le contact envoie le Britannique percuter l'Alfa Romeo qui se retourne instantanément. Plusieurs centaines de mètres et quelques tonneaux plus loin, Zhou s'envole, percute le grillage et retombe derrière le mur des pneus. Il est heureusement indemne, mais la réaction en chaîne a provoqué un accident qui a impliqué Tsunoda et oblige Albon à passer par l'hôpital après un choc violent contre le muret des stands. Une fois le chaos retombé, la course reprend ses droits mais elle tourne au fiasco pour AlphaTauri quand Tsunoda accroche Gasly au premier virage alors que les deux pilotes étaient septième et huitième en piste. Les dégâts causés par cet accrochage causeront l'abandon du Français quelques boucles plus tard et le Japonais sera pénalisé.

L'Autriche ne sourit pas davantage à Gasly, pourtant qualifié dixième des Qualifications Sprint, qui se fait percuter au départ de la petite course. Il gagne quelques places pour terminer 15e, et il est 14e sur la grille de la course principale le dimanche. Douzième en début de course, il subit une pénalité pour non-respect des limites de piste et une autre pour avoir envoyé Vettel en tête-à-queue. Sa 15e place finale est le reflet d'une course difficile et d'un manque de performance sur un tracé qui demande de nombreuses qualités aux voitures.

S'il espère un meilleur sort à domicile lors du Grand Prix de France, il subit finalement une élimination en Q1 qui conditionne une course difficile. En pneus durs au départ, il perd du temps sur ses rivaux et tente de chausser les mediums lorsque Charles Leclerc provoque une neutralisation. Mais il doit repasser plus tard par son stand et ne peut pas faire mieux que 12e à l'arrivée, à moins de trois secondes de la dixième place, et donc des points. Avec la menace de disparition qui pèse sur l'événement, Gasly espérait mieux devant son public après deux éditions de suite dans le top 10, mais cette saison est décidément celle du manque de réussite, et l'été celui des contre-performances.

En Hongrie, il se qualifie 19e, change son moteur entièrement, quitte à s'élancer des stands, et remonte jusqu'à la 12e place après une course plutôt bien gérée par lui et son équipe. Ce n'est toutefois pas assez pour retrouver des points qui lui échappent depuis cinq courses, sa pire série depuis celle de 2018, entre Monza et Austin. Et s'il joue la carte de la diplomatie en public, des rumeurs ne tardent pas à revenir à son sujet au début de la pause estivale lorsqu'un coup de tonnerre se produit brutalement sur le marché des transferts.

Au lendemain du Grand Prix de Hongrie, Fernando Alonso annonce un départ surprise pour 2023 : il quittera Alpine et rejoindra Aston Martin. L'Espagnol a signé un contrat durant le week-end et n'a pas hésité face aux investissements promis par Lawrence Stroll, le PDG de l'équipe anglaise. De son côté, le team du groupe Renault tente de garder la face après ce désaveu soudain et annonce immédiatement Oscar Piastri, alors réserviste et membre de l'Alpine Academy pour les jeunes pilotes, comme remplaçant d'Alonso pour 2023. La double peine ne tarde pas à tomber dans la soirée sous la forme d'un tweet de l'Australien : *« Je comprends que, sans mon accord, Alpine F1 a sorti un communiqué de presse tard cet après-midi disant que je piloterai pour eux l'an prochain. C'est faux et je n'ai pas signé de contrat avec Alpine pour 2023. Je ne piloterai pas pour Alpine l'an prochain. »*

Au moment où la saison devait se calmer pour quatre semaines, les départements de communication et les médias sont en pleine ébullition, car le marché des transferts est entièrement relancé. Moins de deux semaines après l'escale hongroise de la saison, Helmut Marko est obligé de démentir dans un média appartenant à Red Bull la possibilité d'un départ du tricolore, à qui l'on prête des contacts avancés avec Alpine : *« Il n'y a pas de clause de sortie pour Gasly. Il n'y avait pas de clause avant la pause estivale et il n'y aura pas de clause après. »* De son côté, Franz Tost joue la carte du compliment envers le pilote, mais semble également sous-entendre que la retenue se ferait plutôt du côté de l'équipe. *« Cela n'a aucun sens pour Red Bull de laisser partir Pierre. Si un pilote Red Bull Racing a un souci, aucun autre pilote de bon calibre n'est capable de le remplacer. Seul Pierre peut le faire »*, assène l'Autrichien.

Fin août, lorsque la saison reprend en Belgique, les bruits autour d'un transfert se font de plus en plus présents. C'est dans l'une des conférences de presse du jeudi – celles-ci étant revenues à leur date initiale après le changement qui les avait déplacées le vendredi matin – que le sujet est abordé frontalement pour la première fois avec Ocon. En effet, il serait l'équipier de Gasly si celui-ci revenait, et leur relation garde une réputation négative. Mais celui qui est déjà chez Alpine se montre ouvert à une telle association : *« Ça se passe bien. Nous avons du respect l'un pour l'autre, et je pense que c'est important. »*

Sur le sélectif circuit de Spa-Francorchamps, Gasly signe le 12e temps des qualifications et attaque publiquement son équipe pour le manque d'évolutions de l'AT03 : *« C'était la même voiture que lors des 13 courses précédentes ! Je dois dire que j'étais très satisfait de mon tour, il était très bon et l'équilibre était bon. C'est là où nous en sommes pour le moment. Toute la saison, on a eu du mal à se placer dans le top 10, on en était proche aujourd'hui, à un dixième de seconde. Pour l'équipe, nous voulons maximiser la voiture mais il manque un peu pour atteindre la Q3. »* Une saillie qui ne passe pas inaperçu et qui provoque des questions sur son avenir dans la zone médias, et pour la première fois, il ne dément pas les contacts, alors que son avocat est présent dans le paddock :

> *« Pour le moment, je n'ai pas vraiment envie de faire trop de commentaires car je n'ai encore*

rien vu. Évidemment, je viens de terminer les qualifications et, probablement, le plus important est juste de performer avec la voiture que j'ai, et ensuite nous verrons le reste. »

Sa 12e place des qualifications se transforme en huitième place sur la grille à la faveur des pénalités… et en départ au stand après une avarie moteur qui l'empêche de démarrer pendant quelques minutes. En dépit d'une position de départ peu avantageuse, il remonte vaillamment à la neuvième position finale. Malgré la frustration sur le plan sportif, le manque de résultats de l'équipe de Faenza et l'absence de débouchés à Milton Keynes mettent Gasly en position de force dans ce qui est devenu le feuilleton de l'été en Formule 1. Il se dit qu'il ne veut plus patienter dans une équipe aux résultats moyens et veut rejoindre une équipe d'usine rapidement, et les rumeurs à son sujet continuent à Zandvoort, où il se qualifie 11e et franchit l'arrivée à la même position, ratant du même coup les points.

Le Grand Prix d'Italie est l'occasion de retrouver des couleurs, avec un neuvième temps lors des qualifications qui lui offre une cinquième place sur la grille grâce aux pénalités. Il s'agit de sa meilleure position de départ depuis le GP du Qatar 2021, et il la concrétise par une huitième position en course, au terme de plusieurs batailles intenses livrées sur le circuit de Monza. Il devance Nyck de Vries, appelé en renfort chez Williams à la suite de l'hospitalisation d'Alex Albon pour une appendicite. Le Néerlandais se met correctement dans le bain et profite d'une Williams rapide pour marquer deux points et impressionner Helmut Marko, qui commence à se mettre en quête d'un pilote pour la saison 2023. Depuis Spa, le nom de Colton Herta circule également, mais le pilote d'IndyCar n'a pas la Superlicence nécessaire à une arrivée en Formule 1 et n'a aucune chance d'atteindre la catégorie reine du sport auto. Mais la demande faite par Red Bull pour qu'il obtienne son précieux sésame laisse alors penser que quelque chose se trame du côté des pilotes déjà en place. Christian Horner tempère mais reconnait qu'il y a « beaucoup de mouvements » en coulisses.

Après trois semaines de bruits divers, confirmant l'intérêt de Marko et Red Bull pour Nyck de Vries, la Formule 1 se rend à Singapour afin d'y disputer la 17e manche de la saison. Entre temps, la piste Herta s'est définitivement refroidie car la FIA a repoussé l'idée de lui donner sa Superlicence, et AlphaTauri a confirmé Tsunoda pour la saison suivante. Du côté d'Alpine, le bureau de reconnaissance des contrats a donné raison à Piastri, qui avait été annoncé chez McLaren avant même l'Italie, et Enstone doit donc trouver un remplaçant à Alonso. Un test est organisé en Hongrie, auquel participent Antonio Giovinazzi, qui n'a plus de volant depuis la saison précédente, de Vries dont la cote a décidément explosé à Monza, et le nouveau réserviste d'Alpine, Jack Doohan, sur qui l'académie concentre désormais son attention.

Le vendredi à Singapour, il se dit que Nyck de Vries a signé son contrat chez AlphaTauri, et qu'aucun des deux autres n'a retenu l'attention des dirigeants d'Alpine et Renault. Dans la foulée, plusieurs sources assurent que l'affaire est entendue entre Gasly et l'équipe tricolore, et qu'une annonce pourrait avoir lieu la semaine suivante au Japon. En piste, le Français ne se laisse pas perturber par tout ce bruit qui l'entoure, et il signe un excellent septième temps en qualifications, alors que Tsunoda est dixième. Une performance de choix pour AlphaTauri, qui profite de nouveau d'un circuit urbain pour retrouver des couleurs. Malheureusement, la pluie vient perturber le début de course et ajouter une dose d'inconnu dans cette course toujours délicate, au terme de laquelle Gasly arrache le point de la dixième place, non sans une pointe de déception.

Le début de week-end à Suzuka continue de mettre en avant les rumeurs de signature de Gasly avec Alpine, promettant une annonce imminente. Et c'est le samedi matin au Japon, en pleine nuit à l'heure française, que l'équipe tricolore confirme ce qui était désormais une rumeur depuis plusieurs semaines : Pierre Gasly fera équipe avec Esteban Ocon en 2023 pour constituer un team 100 % français. À quelques photos capturées rapidement dans un hôtel japonais dans le courant de la semaine passée, Alpine joint évidemment des déclarations de l'équipe et de sa nouvelle recrue, qui font toutes état d'une grand enthousiasme à l'idée de cette association. Le principal intéressé reconnait que sortir du giron autrichien était devenu indispensable.

> « *C'est un moment très spécial dans ma carrière. Je ferme un chapitre de neuf ans avec Red Bull et j'en entame un très excitant. Je prends ma vie professionnelle en main, moi-même, et je commence cette nouvelle aventure avec Alpine. [...] C'était la bonne chose à faire à ce moment de ma carrière. En voyant l'évolution et le développement au cours des dernières années, l'équipe remportant sa première victoire en tant qu'Alpine à Budapest l'année dernière et en voyant les progrès saison après saison, ça fait du bien. Cela semble correspondre à mes ambitions et à mes objectifs. Je suis très excité à ce sujet. Je suis très confiant que ce partenariat peut être très fructueux* », déclare-t-il après l'annonce.

L'équipe alors menée par Otmar Szafnauer s'est donné un peu moins de cinq ans, 100 courses pour être exact, dans sa quête de titre à partir du début de saison 2022, et Gasly veut s'inscrire dans cette ambition de continuer l'ascension entamée en 2016 sous la direction de Cyril Abiteboul, alors qu'elle était neuvième du classement sous le nom de Renault. Désormais quatrième force du plateau, l'équipe française semble prendre la bonne direction pour aller de plus en plus haut, et son nouvel arrivant en est convaincu.

> *« Pour moi, à titre personnel, l'objectif est de continuer à faire avancer l'équipe. Ils se battent pour la quatrième place du championnat cette année, l'objectif est de continuer à progresser, chaque saison, de faire mieux. Je veux me battre en première ligne, pour les podiums, je veux pouvoir me battre pour des victoires ensuite. Nous avons un objectif commun avec Alpine. C'est là qu'ils veulent aller. Ils ont ce plan sur 100 courses, et je me sens pleinement motivé et déterminé à utiliser toute cette expérience que j'ai accumulée au cours des cinq dernières années pour obtenir le meilleur résultat possible ensemble. »*

Et de confirmer qu'il a été courtisé de manière très active par Alpine pendant l'été, l'équipe ayant négocié avec AlphaTauri pour que Helmut Marko lui trouve un remplaçant, qui est d'ailleurs confirmé simultanément en la personne de Nyck de Vries.

> *« Avec tout ce qui s'est passé pendant l'été, cela a lancé des conversations plus sérieuses. Ce n'était pas facile, mais tout s'est enchaîné. C'est un grand pas dans ma carrière et quelque chose auquel j'ai vraiment dû réfléchir, mais je dois admettre que cela m'a rapidement semblé être la bonne chose à faire. Ce qui m'a fait comprendre que je voulais y aller, c'est la façon dont l'équipe m'a approché. Ils étaient vraiment accueillants, ils étaient vraiment insistants, vraiment ouverts dans leur désir que l'on travaille ensemble et de lancer cette aventure. »*

Pour celui qui dit avoir grandi en voyant Fernando Alonso remporter deux titres mondiaux avec Renault, cette alliance a une vraie signification : *« À l'époque, j'avais neuf ans, et c'est à ce moment précis que j'ai demandé à mes parents : "Qu'est-ce que je dois faire pour être champion du monde de F1, pas seulement être en F1 mais être champion du monde ?" »*

Un autre grand débat s'ouvre après cette confirmation : qu'en sera-t-il de la relation avec Ocon ?

S'il reconnait qu'ils ont un passé chargé, Gasly se tourne vers l'avenir et ne s'inquiète pas : « *Notre relation a connu des hauts et des bas depuis, ce n'est une nouveauté pour personne. Je dirais que depuis notre arrivée en F1, elle s'est améliorée. Nous avons tous deux réalisé l'un de nos rêves, mais nous sommes passés par des étapes différentes. Cela ne sert à rien de nous comparer avec Esteban quand nous avions 6 ans, 12 ans, 18 ans et maintenant 26 ans, nous avons beaucoup grandi. Nous sommes beaucoup plus matures, beaucoup plus responsables, et finalement, nous avons un objectif commun. Nous voulons tous les deux être compétitifs, nous voulons tous les deux nous battre en tête. Et nous savons que pour y parvenir, nous devons travailler ensemble pour l'équipe. Je suis assez enthousiaste à ce sujet. C'est une opportunité pour nous deux de revenir à une relation similaire à celle que nous avions dans le passé.* » Et de terminer par une note légère sur le croisement de leurs chemins : « *Quelle était la probabilité que deux enfants de 6 ans originaires de Normandie, en France, vivant à vingt minutes l'un de l'autre, se retrouvent vingt ans plus tard coéquipiers dans une équipe française ? Je pense que c'est incroyable et que c'est une histoire très spéciale.* »

En fin d'année, lors d'une interview pour Nextgen-Auto, Ocon réitère ses propos pleins d'espoir et anticipe une collaboration parfaitement saine, car leur passé parfois agité est aussi un atout pour mieux se connaître :

« On se connait très bien avec Pierre depuis beaucoup d'années. La première fois qu'il est monté dans un kart, c'était dans mon kart à Rouen, donc on se connait depuis qu'on est tout petits. On a roulé ensemble sur les mêmes circuits et dans les mêmes compétitions. On avait un rêve tous les deux qui était de rouler en Formule 1 dans une grande écurie, et c'est fou de se dire que ça y est, on va être tous les deux dans une des plus grandes écuries du monde, et une marque normande, donc c'est une belle histoire, et je suis impatient de débuter cette collaboration. Honnêtement, je ne l'appréhende pas du tout, on a une belle histoire à écrire ensemble. »

Mais dans le tumulte de cette annonce, il y a aussi un Grand Prix à disputer, et la partie n'est pas aussi évidente que la semaine précédente sur le redoutable tracé de Suzuka, qui n'a plus accueilli la Formule 1 depuis 2019 à cause du Covid-19, et sur lequel les pilotes sont heureux de revenir. L'AT03 n'y est pas à son aise, et Gasly est éliminé dès la Q1, tandis que Tsunoda ne va pas plus loin que la Q2. Le Français pense néanmoins qu'il aurait pu faire mieux et déplore une mauvaise exécution de la qualification puisqu'il a été envoyé en piste dans le trafic. Le Japon réserve un accueil que la F1 ne connait que trop bien, avec des pluies torrentielles le dimanche dans les heures qui précèdent la course. Celle-ci est quand même lancée et, comme on pouvait s'y attendre dans ces conditions, le chaos s'empare vite de l'épreuve. Dans la remontée suivant l'épingle, Carlos Sainz écrase sa Ferrari dans les barrières et Gasly reçoit un morceau de banderole publicitaire sur l'avant de sa monoplace. Il rentre retirer cet incongru passager et se relance, tandis que la voiture de sécurité a été appelée en piste par le directeur de course. Celle-ci n'a pas encore fait son apparition à l'avant d'un peloton qu'elle attend sagement pour le guider à partir du tour suivant. Dans sa quête pour rattraper les autres concurrents, Gasly roule plus vite et il a la désagréable surprise de voir entrer en piste une grue là où Sainz a eu son accident, alors que les concurrents en piste ne sont pas encore regroupés derrière la Safety Car. Ce qui provoque l'ire du pilote à la radio : *« C'est quoi ce tracteur en piste ? Je viens de passer juste à côté, c'est inacceptable. Qu'est-ce qui vient de se passer ? Je n'arrive pas à y croire ! »*

La course est interrompue un tour plus tard par Eduardo Freitas, le directeur de course, et il faut près de deux heures pour que la météo se calme, la course étant lancée à environ soixante minutes du terme des trois heures que doit durer l'événement au maximum. Gasly repart dernier et passe 17ᵉ sous le drapeau à damier, à près d'une minute et demie du vainqueur du jour, Max Verstappen, qui gagne son deuxième titre mondial au terme d'une délibération d'après-course visant à savoir si les 28 tours parcourus suffisent à donner l'intégralité des points. Mais l'essentiel est ailleurs pour Pierre Gasly, qui ne décolère pas au micro de Canal+ et estime que l'imprudence de la direction de course, qui a envoyé une grue en piste avant la neutralisation du peloton, est un grave manquement, et un affront symbolique supplémentaire sur le circuit où Jules Bianchi a eu un accident mortel huit ans auparavant dans des conditions similaires.

> *« De mon point de vue, c'est irrespectueux envers Jules, envers toute sa famille et envers tous ceux qui font de la course. Je suis déjà heureux d'être en vie et que rien ne se soit passé, c'est exactement à l'endroit où Carlos a perdu le contrôle, il n'y avait aucune indication. On en a déjà parlé des millions de fois, c'est ce qu'il y a de plus dangereux et je ne vois pas pourquoi on n'a pas attendu une minute que les voitures rentrent au stand pour mettre le tracteur sur la piste. Bien sûr, j'ai eu énormément peur parce que si j'avais perdu le contrôle à cause de l'aquaplaning je ne serais pas ici en train de répondre à vos questions. Je suis content de pouvoir parler à ma famille ce soir et*

de rentrer sain et sauf, parce que ça aurait pu être bien plus dramatique. »

Son statut de porte-parole parmi ses pairs se renforce avec cet incident, et il n'hésite pas à tempêter un peu plus face à la convocation chez les commissaires pour ne pas avoir assez ralenti au moment de passer devant la grue : « *Apparemment je suis en tort. Je suis allé les voir, j'ai expliqué la situation, j'ai respecté ce qu'il fallait. Quand ils ont sorti le drapeau rouge j'étais à 50 mètres du tracteur et si je saute sur les freins à ce moment-là, il y a encore plus de chances que je décède aujourd'hui. C'est malheureux de voir les choses comme ça, mais le plus important c'est que je sois en un seul morceau. J'ai déjà perdu un ami, et tous mes proches seront content de voir que je suis encore là et qu'on a évité quelque chose de grave* », lance-t-il avant d'apprendre que 20 secondes de pénalité sont appliquées à sa course, le repoussant au 18ᵉ et dernier rang.

Sa colère n'est pas vaine, puisque la FIA annonce quelques jours avant le Grand Prix des USA une série de mesures consécutives à l'apparition d'un engin de levage dans des conditions très dangereuses. Désormais, les pilotes et équipes seront prévenus de l'entrée des grues en piste, et la direction de course promet de mieux gérer les opérations en fonction du placement des pilotes en piste. Mais surtout, cet incident a raison de la présence de Freitas au poste de directeur de course qu'il partage avec Niels Wittich. Ce dernier prend ainsi ce rôle seul après la mise à pied de Freitas, et il est assuré de garder son poste jusqu'en fin de saison malgré quelques controverses, dont son obsession pour le règlement dans l'affaire des piercings et des sous-vêtements ignifugés qui ont déjà agacé les pilotes plus tôt dans la saison.

Qualifié 11e à Austin, il livre un joli combat contre Norris en début de course avant la neutralisation de la course consécutive à un accrochage entre Fernando Alonso et son futur équipier, Lance Stroll. Après cette intervention, Gasly est pénalisé de cinq secondes pour avoir laissé trop d'écart avec la voiture qui le précède pendant cette période. Mais son équipe n'attend pas assez quand il rentre trois tours plus tard, et l'intervention trop précoce des mécaniciens sur sa monoplace lui vaut une sanction de dix secondes supplémentaires, et il passe la ligne 11e. Il récupère la dixième place sur tapis vert quand Alonso écope d'une très lourde pénalité de trente secondes, mais la perd de nouveau lorsque sa deuxième pénalité est ajoutée à son total de course, et il se classe finalement 14e.

Le Mexique n'est pas forcément plus clément avec le Français, qui se qualifie 14e juste derrière Tsunoda.

En course, il écope encore d'une pénalité, cette fois pour avoir malmené Lance Stroll, et termine à la 11e place du classement. S'il n'est pas particulièrement frustré de la pénalité en elle-même, l'ajout de points sur son permis a de quoi inquiéter : Gasly totalise maintenant dix unités sur les douze qu'il faut atteindre pour écoper d'une course de suspension, et il conservera ce total au moins jusqu'au printemps 2023, car il faut un an à la date de la pénalité pour que les points soient retirés. De quoi l'obliger à rouler sur des œufs, et de quoi faire espérer à Alpine que sa nouvelle recrue n'ait pas une course d'absence dans ses premières semaines au sein du team.

Qualifié 12e au Brésil pour le Sprint, il termine cette course courte en dixième position, espérant des points le dimanche en course. Mais son chemin de croix continue et il peine à faire mieux qu'une 12e position, avant de perdre deux places supplémentaires à cause d'une nouvelle pénalité de cinq secondes pour un excès de vitesse dans les stands. Alors qu'il ne se montre pas trop déçu, la résilience de Gasly s'explique très facilement : il va disputer à Abu Dhabi sa dernière course avec AlphaTauri, et il aura même un goût de sa nouvelle équipe lors du mardi suivant la course, avec les traditionnels essais de fin de saison pour lesquels Red Bull a accepté qu'il rejoigne Alpine. Pour sa dernière apparition avec AlphaTauri, sa 96e avec le team de

Faenza depuis ses débuts en 2017, Gasly se qualifie 17e et termine la course au 14e rang après une tentative de stratégie différente, comme un cruel résumé d'une saison qui n'a pas été de tout repos.

Cela ne l'empêche pas de faire une belle célébration de départ au terme d'un week-end émouvant, puisque c'est l'heure de la séparation avec son ingénieur Pierre Hamelin, mais aussi avec son équipier Yuki Tsunoda qui ne cache pas que le Français a joué un rôle crucial dans ses progrès :

> *« Ça a été une année difficile pour l'équipe, mais du côté positif, j'ai beaucoup appris, surtout de Pierre. Ce fut un plaisir de travailler avec lui au cours des deux dernières années et je tiens à le remercier pour tout ce qu'il a fait pour moi et pour l'équipe. »*

De son côté, le principal intéressé tire un bilan à chaud après l'arrivée de la course pour résumer ses années à Faenza et dans le groupe Red Bull :

> *« Je me souviendrai de tout ce que j'ai vécu au fil des ans avec l'équipe, ma première course en Formule 1, mon premier podium et ma première victoire. Je sais que je suis un meilleur pilote*

aujourd'hui grâce à eux et je suis tellement reconnaissant pour toutes ces réalisations. Je tiens à dire un grand merci à tous ceux avec qui j'ai travaillé, ils ont tous fait un travail formidable. Nous avons eu trois podiums incroyables, et maintenant il est temps de célébrer ensemble ces souvenirs inoubliables. »

CHAPITRE 17

LA VIE EN (BLEU ET) ROSE

Mais la page se tourne vite, comme prévu par cet intense calendrier qui offre aux équipes une dernière journée d'essais pour boucler la saison. Deux jours après sa dernière course aux couleurs d'AlphaTauri, Pierre Gasly arrive dans le paddock du Yas Marina Circuit dans la peau d'un pilote Alpine, et c'est avec un casque aux design camouflé et une combinaison grise sans sponsor qu'il se glisse dans l'A522, sur laquelle a été apposé son numéro 10.

Classé quatrième de cette journée de tests dont les résultats ne sont pas très pertinents, c'est surtout le travail intense effectué par le Français qui compte, avec 130 boucles parcourues qui représentent plus de 685 kilomètres au volant de la monoplace bleu et rose, et dans sa nouvelle équipe. Un travail non négligeable en vue de la saison 2023 qui sera la deuxième de cette nouvelle réglementation, et avant une intersaison qui s'annonce donc très intense.

> *« Je pense qu'il est vraiment important de se mettre en piste dès que possible car nous n'aurons que trois jours d'essais à Bahreïn l'an prochain. Donc un jour et demi par pilote. C'est beaucoup de processus à digérer, de compréhension entre les ingénieurs et moi-même, et nous apprenons encore beaucoup les uns des autres. Nous ne faisons que commencer, mais c'est définitivement une longueur d'avance par rapport à l'attente de l'année prochaine »*, détaille-t-il dans la zone média du circuit émirati au soir de ce roulage.

Et bien sûr, le Normand est aussi ému de porter les couleurs d'une équipe française et d'un constructeur qui vient de sa région et possède une belle cote de popularité en France :

> *« C'était vraiment émouvant d'être dans cette Alpine. Je ne porte pas encore la combinaison complète, je cours toujours avec celle sans sponsor pour être sur la piste et donner le coup d'envoi..... mais dans mon esprit, je commence déjà la saison 2023, je travaille déjà pour l'année prochaine. C'était vraiment très spécial. »*

L'association entre les anciens rivaux en karting, dont la relation avait été marquée par quelques tensions dans leur enfance, fait évidemment les gros titres de la presse en ce début de saison. Tant dans les médias que sur les réseaux sociaux, la question n'est pas de savoir si les deux pilotes finiront par s'accrocher, mais quand ils s'accrocheront, et quelles en seront les conséquences. Le quotidien sportif *L'Équipe* fait un grand angle sur la préparation de la première saison d'association des deux Français et résume les attentes dans ce duo par le titre « Frérots mais pas trop ». Les risques de ce line-up de pilotes sont connus d'Alpine, mais chacun compte sur le professionnalisme des deux protagonistes, qui sont en Formule 1 depuis de nombreuses années et ont grandi, devenant tous deux vainqueurs en catégorie reine entre temps.

Les trois journées d'essais hivernaux de Bahreïn se déroulent sans perturbations chez Alpine, il est comme toujours difficile de situer la monoplace dans la hiérarchie, mais Gasly couvre en moyenne la distance d'une course par jour. Il boucle 60 tours du circuit de Sakhir le premier jour, 59 le deuxième et 56 le troisième. Ce sont donc près de 950 kilomètres qu'il parcourt en trois demi-journées, puisque les pilotes partagent une seule monoplace lors de ces tests, et Esteban Ocon a donc fait lui aussi une journée et demie au volant de l'A523.

« Ce sont juste beaucoup de nouveaux paramètres et de nouvelles choses à apprendre de mon côté avec ce changement d'équipe, et de nouveaux ingénieurs, une nouvelle voiture, un nouvel environnement, et de nouvelles façons de faire. [...] Il était juste assez important pour moi de comprendre la voiture aussi vite que possible et de communiquer avec l'équipe sur le type de direction que je voudrais. Jusqu'à présent, j'ai été très satisfait de la façon dont l'équipe m'a accueilli et de la façon dont nous avons travaillé en vue de la saison », déclare-t-il au soir de la deuxième journée, sans savoir quoi penser des performances de la voiture.

« C'est le meilleur ressenti que j'aie jamais eu en débutant une saison, c'est sûr. J'étais vraiment impatient de sauter dans la voiture et, dès le premier feeling, je suis assez satisfait. Je suis assez heureux parce que c'était très évident pour moi de savoir quel équilibre de voiture je voulais, comment je veux améliorer la voiture et dans quelle direction. Elle réagit bien à ce que nous avons changé. C'est toujours bon signe, que la voiture soit bien née. Il y a donc beaucoup de signes positifs. Pour ce qui est de notre position par rapport à l'année dernière, pour le moment je n'en ai aucune idée, poursuit-il, assurant que le fait

d'être proche du fond de classement ne l'inquiète aucunement. *Quand j'étais plus jeune, je faisais attention, mais maintenant que je suis plus âgé, je m'en fiche.* »

C'est donc sur des notes globalement positives que les tests d'intersaison se concluent, quelques jours avant le premier Grand Prix pour lequel il vise une arrivée dans les points. Mais lorsque le nouveau pilote Alpine revient sur le circuit bahreïni, le feeling n'est pas le même et il ne parvient pas à régler sa monoplace de manière optimale. Il signe le dernier temps de la séance qualificative et s'élance donc en fond de grille. Après une belle première partie de course qui le voit remonter jusqu'à la dixième place grâce à un bon rythme et une stratégie bien exécutée, le déclenchement d'une voiture de sécurité virtuelle lui permet de chausser des pneus tendres pour la fin de course. Il gagne encore une place après cela et franchit donc la ligne d'arrivée en neuvième position, inscrivant immédiatement ses premiers points avec sa nouvelle équipe. Mais ce résultat cache une réalité plus inquiétante : Alpine a commis de nombreuses erreurs opérationnelles avec trois pénalités pour Ocon, et le directeur Otmar Szafnauer s'inquiète de voir son team gâcher de bonnes opportunités. Mais Gasly préfère voir le verre à moitié plein et le bon rythme de l'A523 qui aurait pu permettre un très bon résultat s'il s'était élancé plus haut sur la grille, alors qu'il s'est fait effacer un chrono en qualifications après une sortie de piste : « *Je fais une course propre, j'ai tout donné à la fin pour aller chercher Bottas et il n'a pas manqué grand-chose, mais on sait sur quoi on doit travailler. Hier je me suis loupé, mais si on part plus haut, je pense qu'on pourra aller chercher de plus gros points.* »

Et Gasly ne tarde pas à s'exécuter, dès la semaine suivante en Arabie saoudite, avec le neuvième chrono sur la grille, tandis qu'Ocon se qualifie sixième. Malgré un accrochage avec le débutant Oscar Piastri au départ, Gasly pointe huitième après le départ mais se fait déborder par Leclerc puis Verstappen, qui a connu un problème mécanique le samedi et s'est élancé 15e. Le reste de la course est plutôt calme, marquée par une passe d'armes contre son ancien équipier Tsunoda, et il franchit la ligne neuvième, juste derrière Ocon, ce qui permet à l'équipe d'engranger six points de plus et confirmer de bonnes dispositions. La frustration est palpable car Aston Martin a fait un bond de géant dans le peloton et pointe comme deuxième force en ce début de saison où Red Bull écrase totalement la concurrence, avec une victoire pour Verstappen et une pour Pérez. George Russell a même fait le pari que l'équipe de Milton Keynes gagnerait les 23 courses prévues au calendrier, tant l'équipe a de l'avance. Derrière, on retrouve donc Aston, puis Ferrari et Mercedes, et Alpine arrive pour l'instant en cinquième position dans une hiérarchie qui est encore très jeune et amenée à progresser au fil des évolutions de chacune des dix monoplaces de la grille.

En Australie, c'est encore autour du top 10 que se situe l'équipe d'Enstone, avec Gasly neuvième des qualifications et Ocon onzième. La course est particulièrement agitée avec une voiture de sécurité au départ et un drapeau rouge au dixième tour qui arrange bien Gasly avec ses pneus tendres du départ qu'il peut changer sans perte de temps. Cinquième à la relance, il prend même la quatrième position à Lance Stroll, blessé durant l'hiver et qui bataille toujours avec des poignets douloureux. Dépassé par Sainz plus tard dans la course, le Français se stabilise au cinquième rang durant toute la deuxième partie du Grand Prix, jusqu'à un accident de Kevin Magnussen qui pousse Niels Wittich, le directeur de course, à sortir le drapeau rouge à trois tours de la fin de course. Une décision qui surprend, alors que tout le monde pensait voir la course se terminer sous neutralisation de la voiture de sécurité. L'Allemand décide même que ce sera un départ arrêté pour seulement trois tours de course, alors que le soleil commence à dangereusement baisser sur la ligne d'horizon et qu'il est face aux pilotes sur la grille de départ. Mais rien n'y fait : le directeur de course veut un départ pour trois boucles, avec une mauvaise visibilité, des pneus froids et des pilotes sous tension et quelque peu fatigués. Le déroulé n'est donc pas une surprise : le chaos total s'empare du premier virage. Sainz rate son freinage – un manque de visibilité, dit-il – et envoie Alonso en tête-à-queue. L'incident surprend Gasly et Pérez qui passent par l'herbe. L'Alpine devient incontrôlable et revient sur la piste en glissant. Son pilote décide ensuite de traverser le ruban d'asphalte pour se placer à l'intérieur en vue du prochain virage, mais ne voit pas dans son angle mort l'autre voiture rose d'Ocon qui a commencé à s'infiltrer grâce à un écart de vitesse nettement en sa faveur. C'est le scénario du pire pour l'équipe car les deux voitures entrent en contact et s'envoient mutuellement vers le mur. Les deux A523 meurtries s'immobilisent l'une derrière l'autre en bord de piste dans une vision cataclysmique pour n'importe quel team. Le drapeau rouge est de nouveau sorti car des débris jonchent la piste. Dans le bac à graviers, Logan Sargeant et Nyck de Vries sont également immobilisés après s'être eux aussi accrochés. Il reste alors un tour, et Wittich ne parvient pas à se décider sur la suite à donner à ce qui est en train de tourner à la mascarade. Finalement, il opte pour une relance de la course pour un tour derrière la voiture de sécurité, en prenant comme classement de référence la grille du départ précédent car moins d'un secteur du circuit a été parcouru avant la neutralisation. Gasly et Ocon sont donc les deux grands perdants de cette séquence peu glorieuse pour la Formule 1, et la course se termine après une dernière boucle au ralenti.

Certains observateurs s'inquiètent de ce premier clash entre Ocon et Gasly, mais ce dernier craint surtout une potentielle sanction qui pourrait lui valoir une suspension. En effet, il possède toujours dix points de pénalité sur son permis et arriver à 12 lui ferait manquer une course. Finalement, ce n'est pas le cas, et l'accrochage entre les Alpine ne fait pas les gros titres, car il est renvoyé au second plan en raison des erreurs de Wittich et du chaos généré en fin de course par la volonté de créer du spectacle. Le débat est ainsi relancé pour savoir s'il faut à tout prix finir une course sous drapeau vert, ce qui avait déjà causé le chaos à Bakou en 2021, et créé un énorme scandale à Abu Dhabi la même année. Mais quelle que soit la réponse à cette question, le résultat est le même pour Alpine, avec un double abandon alors qu'un excellent résultat était à portée de main pour Gasly qui roulait au cinquième rang : « *Je pense que j'ai vraiment tout donné, on était dans une très bonne position. J'ai essayé d'attaquer pendant toute la course, on avait une bonne vitesse et tout se passait bien avant le dernier drapeau rouge. Je suis extrêmement déçu parce qu'on faisait une très bonne course, la voiture marchait bien, je me sentais à l'aise, on était proches du podium avec Alonso qui n'était pas loin. Pour l'instant c'est difficile à digérer.* » Mais l'incident est rapidement clos, notamment avec Ocon puisque Gasly présente ses excuses pour son retour en piste quelque peu cavalier, peu aidé par les conditions de cette fin de course et le passage dans l'herbe.

Le week-end de Bakou est catastrophique pour Gasly et Alpine. Le vendredi, il est victime d'un problème mécanique en essais libres et sort de piste en qualifications, avec une 19ᵉ place à la clé. C'est en effet un week-end de Sprint, avec le nouveau format qui consacre le samedi à cette course courte, et il y a donc la Qualification Sprint le matin. Durant celle-ci, le Français subit une avarie au niveau de l'échappement et se classe également 19ᵉ. L'après-midi, il franchit la ligne d'arrivée en 13ᵉ position, profitant notamment de l'accrochage entre les deux AlphaTauri de Tsunoda et de Vries pour remonter un peu au classement. Mais avec ce nouveau format, c'est le résultat des qualifications qui compte pour la grille de départ de la course, et il repart donc du 17ᵉ rang le dimanche, gagnant deux positions par rapport à son 19ᵉ temps des qualifications grâce à des pénalités pour deux de ses concurrents, dont Ocon. Mais la course ne montre pas les meilleures facettes de l'A523, et les pilotes Alpine sont 14ᵉ (Gasly) et 15ᵉ (Ocon) à l'arrivée.

Avec huit points en quatre courses, le bilan du début de saison est frustrant pour Alpine au moment d'arriver à Miami, théâtre de la cinquième manche de la saison. Le début de week-end se déroule mieux mais cela n'empêche pas le PDG, Laurent Rossi, de passer un savon à ses troupes, et de le révéler au micro de Canal+ par la suite.

« On démarre avec un handicap de performance d'une part et d'exécution d'autre part. Ça fait beaucoup et ça se voit. Parce qu'on est à un classement qui n'est pas du tout digne des moyens engagés. Et on est loin, très loin de l'objectif final de l'année », lance-t-il avant de s'en prendre à l'état d'esprit de l'équipe, rejetant la faute sur l'ensemble des employés.

> *« Il y a aussi, potentiellement, un état d'esprit qui n'est pas à la hauteur de ce qui a été fait par le passé par cette même équipe. Je n'ai pas aimé le premier Grand Prix [à Bahreïn] car, je suis désolé de le dire, il y a eu beaucoup de dilettantisme, qui a conduit à un résultat qui n'était pas bon, médiocre, mauvais. Et la course de Bakou ressemble furieusement à celle de Bahreïn. Et ça, ce n'est pas acceptable. On a le droit de commettre des erreurs, c'est un principe de base, c'est dans les erreurs qu'on apprend. Par contre, on*

apprend, et quand on fait deux fois les mêmes erreurs, là, c'est qu'on n'a pas appris et qu'on ne prend pas ses responsabilités, et là aussi c'est inacceptable. »

Sous couvert de cette critique globale, c'est bien évidemment Otmar Szafnauer, le directeur d'Alpine, qui est visé par le PDG. Pourtant, Rossi a recruté lui-même l'Américain et lui a donné début 2022 un plan à 100 courses qui doit donc mener à un titre mondial avant 2026. Mais le Français s'impatiente déjà et, le lendemain, de ses déclarations fracassantes contre l'esprit d'Alpine, il nomme la cible de ses critiques :

« *Nous avions une équipe qui s'est assez bien comportée l'année dernière, qui a obtenu la quatrième place, ce qui est la meilleure progression que nous ayons enregistrée depuis longtemps. Elle était très prometteuse. Ce sont plus ou moins les mêmes personnes, donc je n'accepte pas que nous ne soyons pas capables de maintenir cela. Oui, cela dépend d'Otmar et du reste de son équipe, car Otmar ne fait pas tout à lui seul, mais c'est Otmar qui est responsable. C'est sa responsabilité.* »

Heureusement, le week-end se passe bien mieux en piste que dans les coulisses, et Pierre Gasly se qualifie à une très belle cinquième place, tandis qu'Ocon est huitième. En course, il leur est impossible de résister aux Mercedes, Ferrari et Red Bull qui les suivaient sur la grille, et ils franchissent la ligne en huitième et neuvième positions. Mais ce soulagement, qui confirme néanmoins qu'Alpine est à ce moment la sixième force du plateau, est totalement relégué au second plan par la colère de Rossi, qui met un premier coup d'arrêt à l'enthousiasme présent chez Alpine depuis le début de saison.

Après l'annulation du Grand Prix d'Émilie-Romagne à cause de dramatiques inondations près d'Imola, la Formule 1 se retrouve à Monaco pour la sixième manche de la saison. L'ambiance ne semble pas vraiment apaisée si l'on en croit les propos d'Otmar Szafnauer, qui tient à se justifier :

« Écoutez, lors des premières courses, nous avons eu quelques bons Grands Prix. Il y a eu des hauts et des bas, et certains Grands Prix, oui, auraient dû se dérouler mieux. Et lorsque nous commettons des erreurs, ou lorsque des membres de l'équipe commettent des erreurs, nous devons nous assurer de comprendre la cause profonde de ces erreurs, puis mettre en place des contre-mesures afin de ne plus jamais les commettre, tempère-t-il avant de

défendre son bilan. Nous avons fait du bon travail l'année dernière pour progresser en cours de saison. Nous devons faire la même chose, et en ce qui concerne le rythme de la voiture, je pense que nous n'en sommes pas satisfaits parce que nous ne sommes pas Red Bull. Cependant, face à notre concurrence immédiate, nous avons progressé par rapport à Ferrari et Mercedes, et l'équipe qui se distingue cette année est Aston Martin, qui était septième et est devenue la deuxième ou troisième voiture la plus rapide. Nous avons donc atteint la plupart de nos objectifs, mais pas tous, au cours de l'hiver, et pour les atteindre tous nous devons procéder à des changements au sein de l'organisation ; et ces changements vont venir. Des changements étaient déjà en cours. Il faut juste du temps. Nous savons tous que c'est un énorme travail d'équipe et nous avons des ingénieurs très talentueux qui travaillent très dur. Nous sommes limités en soufflerie, nous sommes limités sur le temps que nous pouvons passer dans le CFD. Il ne s'agit donc pas de travailler plus, ou plus fort, comme c'était le cas dans le passé. »

Une première opposition publique entre Rossi et Szafnauer sur les causes, qui montre que tout n'est pas rose chez les bleus. Mais en Principauté, l'équipe retrouve des couleurs avec la quatrième place d'Ocon en qualifications qui se transforme en troisième sur la grille grâce à une pénalité pour Leclerc, et la septième de Gasly. Le châssis de l'A523 est bon, la monoplace est bien née, et cette performance en est une nouvelle preuve. Gasly parle d'un « grand pas en avant » d'Alpine avec de nombreuses évolutions qui complètent les nouveautés amenées à Bakou quelques semaines auparavant. La course se déroule sous la pluie mais l'ensemble du peloton évite de grosses erreurs, et Ocon parvient à monter sur le podium pour l'équipe française. Mais parmi ces points positifs, son équipier peine à partager cette euphorie, après une stratégie incompréhensible d'Alpine qui l'a fait rentrer au stand alors qu'il était troisième et qu'une averse était imminente. Résultat : deux arrêts en trois tours, une septième place finale et une frustration compréhensible.

« De mon côté, je suis évidemment déçu et un peu perplexe face aux décisions que nous avons prises, car nous étions en troisième position au moment où la pluie s'est mise à tomber. Je me frottais les mains, car c'était le scénario idéal pour nous, puis nous avons décidé de rentrer pour faire deux tours avec les pneus slicks *avant de passer aux pneus intermédiaires. Dès que je me suis retrouvé troisième, j'ai mis le paquet, j'ai réussi à pousser davantage sur les pneus et je me sentais bien. Je leur ai dit que je*

voulais allonger [le relais], surtout parce qu'il allait pleuvoir, comme ils me l'avaient dit. Donc j'ai dit "OK, restons en piste". Donc, à ce moment-là, j'avais l'impression que nous pouvions terminer troisième et quatrième et que cela aurait pu être mieux, mais cela fait partie du sport. Ils ont manifestement des informations sur le muret des stands que je n'ai pas. Nous allons analyser comment nous aurions pu faire mieux, mais j'ai le sentiment que nous aurions pu marquer un peu plus de points», lance Gasly lors des interviews dans la zone média, précisant auprès de Canal+ qu'il peine à se réjouir du très bon résultat d'ensemble : *«Je ne veux pas partager de la frustration alors qu'on signe un podium et une septième place. On marque énormément de points, mais je pense qu'à l'arrivée on doit être troisième et quatrième, et ça va prendre quelques heures pour que ça passe.»*

Le week-end en Espagne est de nouveau source de frustration pour Gasly, qui le commence pourtant bien et signe le quatrième temps des qualifications. Une performance de nouveau gâchée avec une double pénalité pour avoir gêné Sainz et Verstappen en Q1, ce qui lui vaut de reculer de six positions sur la grille. Un départ raté le repousse au 15e rang au premier tour, et il remonte jusqu'à la sixième place à la faveur des arrêts au stand. Mais au moment de son deuxième arrêt, son équipe se loupe et lui fait perdre du temps et il recule en 14e place pour finalement remonter 11e et terminer à la porte des points. Ocon inscrit quelques points pour Alpine en ayant pris le départ de la sixième place, mais l'impression qui domine chez Alpine est le manque d'efficacité malgré une voiture désormais performante.

Au Canada, la pluie complique la donne en qualifications, surtout quand Sainz gêne Gasly dans son dernier tour de Q1 sur une piste en train de sécher, ce qui lui vaut d'être éliminé et de s'élancer 15e le dimanche, sous une météo cette fois clémente. Avec une telle position de départ et face à une course calme, il ne peut faire mieux que 12e à l'arrivée. En Autriche, il se qualifie neuvième pour la course et 12e pour le Sprint, et il termine ce dernier en 15e position. Le dimanche, il remonte jusqu'à la neuvième place sous le drapeau à damier mais il reçoit deux pénalités sur les 19 qu'inflige la direction de course pour le non-respect des limites de piste, une farce qui est d'ailleurs jugée plusieurs heures après l'arrivée. Il recule d'un rang pour inscrire un seul point. Mais un autre problème pourrait arriver pour Alpine, car McLaren a amené un grand package d'évolutions qui était attendu initialement en début de saison. Après avoir disputé la première partie de saison avec une voiture dérivée de sa médiocre MCL36 de 2022, elle semble désormais se hisser au niveau des Mercedes, Ferrari et Aston Martin… et donc devant

Alpine, alors qu'elle n'a même pas encore reçu l'ensemble de ses nouvelles pièces. Cela devra se confirmer à Silverstone, où Lando Norris et Oscar Piastri auront davantage de nouveautés, et où Alpine pourrait donc avoir des concurrents supplémentaires aux points.

Et le Grand Prix de Grande-Bretagne apporte des réponses claires puisque les McLaren se qualifient deuxième et troisième derrière l'inamovible Verstappen. Suivent les Ferrari, les Mercedes, la Williams d'Alex Albon, l'Aston Martin de Fernando Alonso et l'Alpine de Pierre Gasly. Le peloton se resserre et le fait que ces sept équipes se tiennent en moins d'une seconde en Q3 montre que la tâche va être encore plus difficile pour Alpine dans le but de défendre sa cinquième place au championnat, loin des quatre équipes de pointe, et une près de 20 points devant McLaren. La course de Silverstone est un coup dur pour l'équipe française car Ocon abandonne après une avarie, et Gasly est accroché par Stroll. Ce zéro pointé contraste avec les 30 points de McLaren, qui prend dès l'Angleterre la cinquième position du championnat.

La réussite n'est décidément pas du côté d'Alpine en cet été 2023, puisque les deux pilotes sont éliminés en Q2 sur le Hungaroring. En course, Zhou Guanyu rate son départ depuis la cinquième place de la grille et se retrouve en fond de classement au moment d'arriver au premier freinage. Vraisemblablement confus par son départ, il ne ralentit pas assez et percute Daniel Ricciardo, de retour dans le paddock en remplacement du décevant Nyck de Vries. L'AlphaTauri est envoyée sur Ocon, qui est lui-même catapulté sur l'autre A523 de Gasly. Les deux pensionnaires d'Alpine sont contraints à l'abandon dans les deux premiers tours de la course, alors qu'ils avaient pris un bon départ et qu'ils espéraient viser des points, ce qui frustre Gasly.

« Les choses ne s'alignent pas pour nous, mais ce sont des choses qui arrivent et il va falloir se concentrer sur Spa. Il va falloir vite arrêter cette série d'événements qui nous arrivent en ce moment », déplore le Français après l'arrivée dans une interview à Canal+. Il rappelle aussi que ces départs risqués dans le peloton sont une conséquence directe de la situation d'Alpine dans la hiérarchie : *« Personne n'est content de se battre pour ces positions. On est tous des compétiteurs, on veut se battre devant mais on n'est pas assez performants. On doit trouver plus de performance et tout le monde est motivé à sortir de cette série, et j'espère aller chercher des points pour l'équipe lors de la dernière course avant la pause, car c'est plus que malheureux de se retrouver avec les deux voitures arrêtés au premier tour. »*

Une dernière course avant la pause qui se déroule à Spa-Francorchamps, en Belgique, où le Français commence encore son week-end par un hommage à Anthoine Hubert. Il distribue des t-shirts « Racing for Anthoine » et invite les acteurs du paddock à se joindre à lui pour courir jusqu'en haut du Raidillon de l'Eau rouge, où il dépose une gerbe de fleurs. S'il se qualifie à une décevante 12e place le vendredi, Gasly brille lors du Sprint le samedi, avec une qualification au sixième rang, et surtout une troisième position finale après une course bien gérée sous la pluie. S'il n'y a pas de podium pour cette course de 100 kilomètres, les six points sont bienvenus et Alpine retrouve des couleurs dont elle a besoin. Et Gasly de faire part de sa satisfaction après un si bon résultat, forcément chargé de signification : *« C'est incroyable et je suis très heureux de terminer dans le top 3, surtout ici à Spa qui est un peu notre course à domicile sans Grand Prix de France. C'étaient des conditions très difficiles, on s'est arrêtés au bon moment et on a réussi à garder Lewis derrière jusqu'à la fin. C'est spécial de le faire ici à Spa, j'ai évidemment une pensée pour Anthoine, et je suis très heureux pour toute l'équipe car ça n'a pas été un début d'année facile, et on a réussi à tout mettre bout à bout ici »*. Sacrifié au moment où la pluie est arrivée pour laisser la place à Gasly, Ocon est beau joueur et rappelle que son équipier a gagné cette priorité en se plaçant mieux sur la grille : *« Je pense qu'on va se rappeler de la course de Pierre aujourd'hui, ça fait du bien à l'équipe, et un grand bravo à lui pour la course. Il n'y avait qu'une voiture qui pouvait rentrer au bon moment, forcément, et Pierre était devant en qualifications donc c'était normal que ce soit dans ce sens-là. Et c'est bien que l'équipe marque des points.»* Après leurs réactions très posées malgré les accrochages en Australie puis en Hongrie, c'est une nouvelle preuve que l'harmonie règne entre les deux normands, qui font cause commune pour aider Alpine à accomplir les meilleurs résultats possibles. Au départ de la course, Gasly est gêné par Piastri, dont la McLaren blessée est au ralenti dans la descente vers le Raidillon. Il se retrouve 16e et malgré une belle remontée, la course est encore émaillée par un arrêt au stand raté qui lui fait manquer un point pour moins de trois secondes face à son ancien équipier, Yuki Tsunoda.

La pause estivale est bienvenue pour tenter d'inverser une dynamique globalement défavorable, car malgré la fermeture de l'usine pendant deux semaines, il en reste deux autres pour revoir les incidents qui ont coûté cher lors de la première partie de saison et tenter de ne plus les reproduire. Au championnat, McLaren a déjà pris le large avec 46 points de marge sur Alpine, qui en compte autant d'avance sur Williams, et la structure d'Enstone est donc isolée en sixième position. L'équipe doit aussi profiter de cette pause pour intégrer Bruno Famin, le team principal qui succède à Otmar Szafnauer. Le plan de 100 courses a été raboté avant la Belgique et la direction du team a encore changé de main, avec toutes les adaptations qui doivent s'ensuivre.

Malheureusement, rien ne semble avoir évolué quand arrivent les qualifications du Grand Prix des Pays-Bas à la fin du mois d'août, puisque Gasly signe le 12e chrono et Ocon le 16e. Mais la pluie relance totalement la donne dans les premières minutes de la course. Alpine réagit très vite et fait rentrer Gasly parmi les premiers, avec de nouveau une priorité due à sa meilleure position sur la grille. Pendant que la plupart des pilotes doivent rouler en pneus *slicks* sur piste humide, Gasly est comme un poisson dans l'eau et remonte jusqu'à la troisième place, avant de devoir céder face à Verstappen et Alonso, tout en dépassant Zhou. Le Français écope d'une pénalité de cinq secondes lorsqu'il chausse des pneus *slicks* au 12e tour, qu'il purge lors de son troisième arrêt un peu avant la mi-course. Il roule ensuite au quatrième rang avant que la pluie ne revienne sous la forme d'une énorme averse à une dizaine de tours de l'arrivée, provoquant plusieurs sorties de piste dont celle de Pérez, qui est deux places devant Gasly. Ce dernier est de nouveau appelé au bon moment pour chausser des pneus rainurés, et il ressort au troisième rang avant l'interruption de la course. Lorsque celle-ci reprend, Pérez repasse Gasly mais écope de cinq secondes de pénalité pour un excès de vitesse lors de son dernier arrêt. Durant les derniers tours de course, Gasly profite que le pilote Red Bull soit bloqué derrière Alonso pour rester à moins de cinq secondes, et ainsi lui subtiliser la troisième place après application de la sanction. C'est donc un nouveau podium pour Alpine, et le premier pour Gasly avec l'équipe française puisque celui du Sprint de la Belgique n'est pas, statistiquement, compté comme tel.

> « *C'était extrêmement difficile en piste. Toutes les conditions nous ont été imposées dès le départ,* analyse le Français en conférence de presse d'après-course. *Nous nous sommes retrouvés avec des pneus* slicks *dans des conditions humides, puis on était en intermédiaires sur le mouillé, mais ensuite sur une piste qui séchait. Il s'agissait donc de s'adapter aux conditions et de jouer avec les limites. […] Nous savions que nous partions en dehors des points et que la pluie arrivait. J'ai vu la pluie et son intensité, et j'ai vu l'opportunité et la récompense possible. Je l'ai donc annoncé tout de suite. Je voulais rentrer aux stands, mais aussi bénéficier d'une piste un peu plus sèche pour faire chauffer les pneus dans le premier tour. Et cela*

a vraiment bien fonctionné. Cela nous a permis de nous placer en quatrième position. Il restait ensuite 71 tours à parcourir. C'était donc une longue journée. Mais les sensations étaient excellentes. J'ai écopé d'une pénalité qui m'a ramené derrière Carlos, et j'ai dû le dépasser après cela. Mais dans l'ensemble, il y avait un très bon rythme, de bonnes décisions de la part de l'équipe et une bonne stratégie. Je suis donc heureux de commencer cette deuxième partie de la saison de cette manière. »

Le retour à la réalité n'en est que plus brutal à Monza, sur un circuit où il faut une forte puissance moteur, ce qui est un des talons d'Achille de l'A523. Gasly et Ocon échouent dès la Q1 et occupent la neuvième ligne sur la grille de départ pour la course. Seul rescapé de l'équipe en course après une avarie pour son équipier, Gasly franchit la ligne en 15e place, devant un Lance Stroll en difficulté et des Haas qui n'ont pas de pièces aérodynamiques spéciales pour le circuit le plus rapide du calendrier. Repoussé à près d'un tour au terme d'un Grand Prix sans rebondissement, le Français reconnait qu'il y a encore du travail avec la monoplace et son V6.

Singapour correspond mieux aux caractéristiques de sa monoplace et Gasly franchit la ligne d'arrivée à une très belle sixième place, inscrivant huit points de plus au terme d'une course solide durant laquelle il a lutté avec un Max Verstappen en difficulté dans une RB19 pourtant imbattable depuis le début de saison. C'est d'ailleurs la seule fois de l'année que Red Bull doit s'avouer vaincue, et Carlos Sainz est donc le seul à faire tomber le team de Milton Keynes dans la saison. Du côté d'Alpine, si la performance a eu de quoi rassurer, la fiabilité a encore posé un problème et Ocon a abandonné alors qu'il pouvait viser un top 5.

Au Japon, le duo ne franchit pas la Q2 mais termine dans les points, ajoutant trois unités au total d'Alpine sur la saison, ce qui est plutôt positif sur un circuit de Suzuka toujours aussi redoutable et sélectif. Ce n'est donc pas étonnant de les voir de nouveau en forme sur le tracé de Losail pour le Grand Prix du Qatar, où Gasly s'est déjà illustré en 2021 par un départ en première ligne. Il se qualifie septième devant Ocon le vendredi, sa première Q3 depuis Silverstone. Il faut carrément remonter au Grand Prix d'Espagne, quatre mois plus tôt, pour voir les deux Alpine dans la dernière partie des qualifications, et c'est donc un nouveau signe de progrès en cours. Le Sprint voit Gasly terminer neuvième, à la porte des points, et la FIA impose en accord avec Pirelli des arrêts aux stands pour la course du dimanche après avoir vu des déchirures inquiétantes sur les pneus au terme du Sprint le samedi soir. La stratégie va donc être guidée par des arrêts obligatoires et des tranches maximales de 100 kilomètres qui réduisent les possibilités stratégiques. Mais on ne badine pas avec la sécurité et tout le monde accepte cette limitation, qui va en revanche permettre de ne pas économiser les gommes. Disputée à une période où les températures sont encore hautes et l'humidité très élevée, la course se transforme en une épreuve physique redoutable pour les pilotes qui terminent tous au bord de la déshydratation voire du malaise. Ocon marque pour Alpine mais pas Gasly, qui écope de trois pénalités pendant et après la course à cause de franchissement des limites de piste comme en Autriche, et passe sur la ligne d'arrivée en 12e position. Il reconnait ne pas avoir fait « un assez bon travail » pour éviter les pénalités et refuse d'attribuer ces déconcentrations aux conditions difficiles, qui poussent d'ailleurs la FIA à réfléchir à des solutions pour éviter les problèmes de ce genre.

La Formule 1 fait ensuite escale en Amérique du Nord avec la manche d'Austin, un week-end de Sprint qui se passe extrêmement bien pour Gasly, qualifié septième le vendredi juste devant Ocon, à moins de quatre dixièmes de la pole de Charles Leclerc. Le samedi se déroule positivement aussi avec une neuvième position au départ et une huitième sous le drapeau à damier, qui se transforme en septième place après une pénalité pour Russell. Lors de la course principale, le Français est de nouveau en lutte avec Russell, qui franchit la ligne d'arrivée devant lui. Après deux disqualifications pour infractions techniques de Hamilton et Leclerc, Gasly est promu au sixième rang, et ce sont encore huit points qui entrent dans son escarcelle. La manche du Mexique est plus difficile et il termine à la porte des points juste derrière Ocon, lors d'un week-end marqué par la 16e victoire de Max Verstappen, un record absolu en Formule 1.

Au Brésil, le week-end est mal engagé avec une 13e position en qualifications et la même place sur la grille du Sprint. Avec des pénalités distribuées pour avoir gêné des pilotes dans les stands, une règle ajoutée par la direction pendant le week-end, Gasly a peur de ne rien pouvoir faire depuis la 15e position. Mais le Français effectue l'une de ses meilleures courses de la saison et parvient à remonter jusqu'à la septième place finale, non sans s'être battu contre Fernando Alonso, ou avoir dépassé les Mercedes de Hamilton et Bottas.

«*Je suis vraiment très content, ça a été un week-end difficile, on a fait des choix concentrés sur la course en termes de réglages et c'est payant. On fait deux très bons départs, j'arrive à me retrouver derrière Sainz, j'ai tout donné toute la course, j'ai bien géré les pneus*», se félicite-t-il après l'arrivée d'une course marquée par un drapeau rouge au départ. *« On était dans le bon wagon, on arrive à dépasser les Mercedes qui étaient en difficulté, et à ne pas être loin de la Ferrari. C'est un excellent travail de l'équipe, on fait un très bon travail de stratégie et on finit septième et dixième donc ce sont de très bons points. »*

De quoi soulager l'équipe française, en proie à des erreurs d'exécution en début de saison, qui semble redresser la barre et est parvenue à lutter contre les Mercedes :

> *« Ça fait très plaisir, et j'espère que l'an prochain on pourra se battre plus souvent avec eux. Comme je l'ai dit, on essaye de rechercher la perfection dans l'exécution, on sait que la voiture n'est pas simple et que c'est compliqué de nous battre avec les Mercedes, les Ferrari et les Aston, mais ce n'est pas impossible. Si l'on fait un travail parfait et que les autres sont en difficultés, on a notre épingle à tirer du jeu,* poursuit celui qui déclare viser la dixième place finale au classement. *Je n'ai plus que ça pour me battre. »*

La Formule 1 se rend ensuite à Las Vegas pour la première fois depuis les années 1980, et sur le circuit du Strip qui est inauguré par la même occasion. Malgré les craintes d'Alpine sur un circuit qui met en avant les performances du moteur par sa longue ligne droite de 1,9 kilomètre, l'A523 est plutôt efficace, montrant que le V6 de Viry-Châtillon a aussi des qualités. Gasly se qualifie cinquième et prend le départ en deuxième ligne grâce à une pénalité contre Carlos Sainz. Malheureusement, son long relais avec les gommes les plus résistantes est très difficile, car ses réglages ne permettent pas de les mettre en température, et il recule jusqu'à sortir de la zone des points. La cinquième position finale de Lance Stroll, qui occupe la dixième place au championnat, est évidemment une mauvaise nouvelle pour celui qui espérait la briguer, mais le positif à garder pour Alpine est la belle remontée d'Ocon jusqu'à la quatrième position finale dans la capitale du jeu, ce que préfère retenir Gasly après la course, lors de son interview en zone médias.

> *« Je pense que j'ai pris un bon départ, j'étais quatrième, troisième à un moment, mais le train de pneus durs a été chaotique. J'ai eu du* graining *très tôt et je n'ai pas eu de rythme durant la deuxième partie de course. J'ai essayé de me défendre autant que possible. C'est frustrant après un tel samedi, mais on a du positif à tirer du week-end. On a mis une voiture en quatrième place hier, on met l'autre voiture quatrième aujourd'hui, donc c'est bien. »*

La saison 2023 se finit dans la douleur à Abu Dhabi, où malgré une dixième place sur la grille, un manque de rythme et un arrêt trop long auront raison des espoirs de points du Français, qui achève donc sa saison en 11e position, quatre points devant son équipier Esteban Ocon. La fin de saison a été éreintante pour le paddock avec six courses en à peine deux mois, et Alpine n'a pas été dans le rythme espéré au fil de l'année. Cette fin de saison n'a même pas permis de se rapprocher des objectifs initiaux du team, qui espérait au moins conserver la quatrième place acquise en 2022. Le point positif est évidemment d'avoir ramené deux trophées avec un podium pour Ocon et un pour Gasly. Mais ce dernier n'est pas tendre avec sa nouvelle équipe au moment de tirer le bilan de sa première saison en bleu et rose, et il prévient même que l'exercice suivant devra être meilleur dans une chronique de fin d'année sur le site officiel de la F1.

> « *Les dernières semaines ont été très chargées. Nous avons disputé six courses en huit week-ends, du Qatar aux Amériques, en passant par Las Vegas et la finale de la saison à Abu Dhabi. Nous avons connu une fin de saison mitigée, avec de bonnes courses comme Austin et São Paulo, où nous avons marqué des points, et*

des courses décevantes comme Las Vegas et Abu Dhabi, où nous avons manqué de peu les points pour diverses raisons. Quoi qu'il en soit, cela signifie que nous avons terminé la saison à la 11e place du championnat des pilotes et l'équipe à la sixième place du classement des constructeurs. C'est très en deçà des attentes que nous nous étions fixées et, bien sûr, nous voulions bien plus que cela. »

Mais Gasly refuse de voir seulement le négatif et salue plusieurs points encourageants, notamment la dynamique de plus en plus solide de sa saison :

« *Nous avons enregistré deux podiums, trois en comptant mon Sprint à Spa, ce que l'équipe n'a pas réussi à faire en 2022 et qui constitue donc une mini-victoire dans une certaine mesure. J'ai vraiment apprécié ma première année au sein de l'équipe. J'ai surtout eu l'impression d'avoir trouvé mon rythme de croisière après la pause estivale et les résultats en témoignent. Quelles en sont les raisons ? Je ne sais pas vraiment, si ce n'est que je me sens beaucoup plus à l'aise, avec une meilleure compréhension de chacun, en particulier de ceux qui ont un impact direct sur moi, comme les ingénieurs.* »

En revanche, son avertissement pour la saison suivante est sans équivoque : *« Pour l'année prochaine, nous attendons davantage de nous-mêmes et j'ai déjà hâte d'y être. S'il est important d'avoir un peu de temps libre pendant cette période, il est tout aussi important que le travail acharné en coulisses se poursuive. Je pense déjà à 2024. Nous devons être prêts, il n'y a pas d'excuses »*, conclut-il.

CHAPITRE 18

ENTRE DÉSILLUSIONS ET ESPOIR

Mais les premiers bruits de couloir ne vont pas dans le sens d'une amélioration en vue de la saison suivante quand, courant décembre 2023, Esteban Ocon révèle au commentateur de Sky F1, David Croft, que la nouvelle monoplace risque d'être « un peu lente », selon son ressenti dans le simulateur. En janvier 2024, des sources concordantes pointent vers des problèmes dans la validation de la résistance structurelle de l'A524 après plusieurs échecs au fameux crash-test obligatoire. Le reste n'est que rumeur, mais celle-ci pointe de manière insistante vers le besoin pour Alpine de faire des concessions sur le design de sa monoplace afin de satisfaire aux critères stricts de la FIA en matière de sécurité. À la fin du mois de janvier, le crash-test est confirmé par l'équipe elle-même, deux semaines après avoir confirmé qu'elle avait démarré le moteur de la toute nouvelle monoplace. Lors de la présentation, qui se fait conjointement avec celle du projet de la marque pour les 24 heures du Mans, les mines sont quelque peu fermées et l'on sent que la confiance n'est pas au beau fixe, malgré les discours qui se veulent rassurants voire ambitieux. Pour Gasly, c'est l'occasion de se lancer dans une deuxième année sous les couleurs du groupe Renault, ce qui aide évidemment à mieux être préparé, comme il l'explique au moment de la révélation de l'A524.

«*Je suis vraiment content du déroulement de ma préparation durant cette intersaison. J'ai réussi à commencer très tôt et c'était dans la continuité de 2023, où nous ne nous sommes jamais vraiment arrêtés*», explique celui qui est revenu s'entraîner à Dubaï après les fêtes pour être physiquement en pleine possession de ses moyens. Mais c'est surtout l'année d'expérience à Enstone qui l'inspire avant cette septième saison complète en catégorie reine.

> «*Je suis dans une bien meilleure position qu'il y a douze mois. Je connais exactement toutes les personnes avec qui je travaille, tous les processus, et je sais comment m'appuyer pleinement sur mon entourage et moi-même. C'est agréable d'avoir une continuité et de bâtir sur les fondations de l'an passé. Je me sens en confiance avec l'équipe autour de moi. Nous avons tous évolué et progressé*

au cours de la dernière année. Maintenant, je suis convaincu que je peux attaquer immédiatement la saison et maximiser tout le potentiel de l'écurie, poursuit-il, sans prédire comment se déroulera sa saison. *Je n'aime jamais me fixer des objectifs personnels avant de voir les cartes que nous avons en main. Tout cela dépend de notre package et de nos performances. Posez la question à n'importe quel pilote de Formule 1 ou athlète de haut niveau, il vous répondra "je veux gagner", mais cela va toujours plus loin que cela. Nous devons être patients et savoir où nous nous situons avec la nouvelle voiture. À ce stade de l'année, je n'ai vu que des concepts et des idées et nous avons essayé certaines choses au simulateur au cours des six derniers mois. De plus, j'aime me concentrer sur moi-même et faire tout ce que je peux pour être la meilleure version de moi-même au moment de prendre le volant. L'équipe travaille dur et fait tout ce qu'elle peut pour construire la meilleure monoplace, donc je suis naturellement impatient de la découvrir.* »

Les essais hivernaux se déroulent avec un certain enthousiasme, les pilotes évoquant à la fin de chaque journée des points positifs sur l'A524. Après ses trois demi-journées au volant, Gasly évoque « des tests productifs, et c'est le plus important». *« Nous avons fait beaucoup d'essais et nous avons maintenant une semaine importante pour examiner toutes les données et poursuivre notre apprentissage de ce nouveau concept. Il est crucial de tout apprendre sur l'ensemble du package et de comprendre comment nous pouvons l'optimiser. »*

Mais les propos de son patron Bruno Famin sont un peu plus mitigés et rejoignent davantage ce que montrent la feuille des temps et les longs relais, à savoir un manque de performance crucial sur l'A524 en ce début d'année, qui s'annonce compliqué selon le team principal d'Alpine : *« Nous savons où nous nous situons. Nous nous attendons à un début d'année difficile alors que nous continuons à en apprendre davantage sur notre A524 pour la développer tout au long de la saison. »*

Le flou artistique qu'entretiennent les divers commentaires n'a rien de rassurant à quelques jours du début de saison, et la qualification du Grand Prix de Bahreïn apporte une première réponse sous forme de couperet : Ocon est 19e devant Gasly, l'équipe est en dernière ligne et à plus de deux dixièmes d'un passage en Q2. Face à cette déception, les langues se délient et Gasly reconnait que les essais hivernaux avaient laissé craindre un tel scénario.

« *On savait que ce serait compliqué. [...] Ce n'est jamais plaisant mais on l'avait anticipé. Depuis les tests, on l'avait vu arriver. On a des difficultés avec la voiture, elle ne réagit pas comme on le veut, mais on doit faire au mieux avec ce qu'on a. C'est dur de se voir en fond de grille mais rien n'est perdu* », reconnait-il le vendredi soir, puisque la course se déroule le samedi à Bahreïn comme à Djeddah la semaine suivante. Une course « pas fun » selon Ocon, que les pilotes Alpine terminent 17e et 18e. Pire, rien n'est à signaler en termes de rebondissements ni d'erreurs dans l'aspect opérationnel du team, et la performance est la raison de ce résultat très décevant.

« *Je pense que malheureusement, ça reflète la performance de ce week-end. On a exécuté une bonne course, on a essayé des choses en stratégie, et on a maximisé le potentiel,* avance un Gasly fataliste. *On doit améliorer les arrêts car ça me coûte dix secondes. Ça n'aurait pas donné des points mais on travaille dessus, et à l'avenir ce sera important quand on sera plus près des points. Mais la course a été bien exécutée, on manque juste de performance. On a beaucoup à apprendre sur la voiture, des choses à peaufiner, car même si on a essayé d'optimiser la voiture, il reste des choses à faire sur les réglages. Mais il n'y aura pas de révolution et il faut travailler étape par étape.* »

La situation n'est guère meilleure en Arabie saoudite quelques jours plus tard, puisque c'est cette fois en neuvième ligne que se qualifient Ocon et Gasly, avec plus de retard sur la Q2 que le week-end précédent. La course de Gasly tourne court puisqu'un problème de boîte de vitesses l'oblige à abandonner dès le premier tour, tandis qu'Ocon affiche du mieux en se payant le scalp des RB (nouveau nom d'AlphaTauri) et des Sauber. En Australie, Ocon passe en Q2 mais pas Gasly, et les progrès sont relatifs car en course, ce dernier franchit la ligne 13e et son équipier 16e, un résultat à tempérer par le fait que trois pilotes ont abandonné au sein des équipes de pointe, sans quoi Gasly aurait été 17e et Ocon dernier. Après trois courses, le constat est clair, Alpine est la dernière force du plateau mais parvient à tirer parti d'un excellent duo de pilotes pour aller chercher les Sauber, et parfois d'autres monoplaces quand les conditions s'y prêtent.

Au Japon, un des problèmes de l'A524 est mis en avant sur le tracé de Suzuka. Outre son manque de performance et d'efficacité aérodynamique, la voiture peine à exploiter les pneus, et Gasly est piégé en Q1 par des gommes à la température trop élevée. Ocon franchit de nouveau cette étape, mais pour se qualifier 15e seulement. L'équipe apporte pourtant une batterie de nouvelles pièces censées améliorer l'équilibre global et la performance, mais les résultats montrent que ce n'est pas suffisant. Un contact entre les deux équipiers lors du départ provoque des dégâts sur la monoplace de Gasly, que ce dernier qualifie d'incident de course, mais qui lui « coûte cher » en performance. Néanmoins, il est bien conscient que le fond du problème est ailleurs comme il l'explique au site officiel de la Formule 1 après la course : *« On avait des évolutions qui ont semblé apporter ce qu'on attendait. Ce n'est pas assez et on le sait, on sait qu'on manque de performance, mais il est important de garder cette dynamique et d'apporter des pièces, car on manque d'adhérence. Et même si c'est un petit pas dans la bonne direction, nous ne sommes pas où nous devrions être.* » De son côté, Ocon parle carrément d'un « retour en arrière » au micro de Canal+.

En Chine, les deux pilotes vont en Q2, une première depuis le début de la saison. Lors du Sprint comme en course, la situation est légèrement meilleure que lors des courses précédentes et Ocon termine même à la porte des points le dimanche, tandis que Gasly est 13e. Le compteur de l'équipe est toujours à zéro, mais les points semblent décidément se rapprocher alors que les évolutions apportées à Suzuka semblent commencer à porter leurs fruits.

Miami est de nouveau le théâtre d'un Sprint, lors duquel Gasly manque de peu de marquer un point après deux disqualifications devant lui. En qualifications, les Alpine sont de nouveau en Q2, et cette fois plus proches du top 10 que de la 16e position éliminatoire en Q1. Le dimanche, c'est Ocon qui parvient à inscrire le premier point de l'équipe à l'occasion de la sixième manche de la saison avec une dixième place. Gasly est 12e et l'équipe semble maintenant jouer au niveau des Haas et des Aston Martin plutôt que celui des RB, Sauber et Williams, ce qui est rassurant avant le retour en Europe.

Pour la deuxième fois de sa carrière, Gasly rend hommage à Ayrton Senna à Imola avec un casque aux couleurs du triple champion du monde brésilien et, comme en 2020, il prévoit de l'offrir à la Fondation Ayrton Senna pour aider les enfants défavorisés au Brésil. En marge de cette épreuve, il a pu célébrer son idole autrement grâce à une belle opération de l'équipe d'Enstone. Dans ses multiples incarnations, elle a notamment accueilli les débuts du Brésilien en Formule 1, et c'est comme ça que Gasly a pu essayer la Toleman de 1984 : *« Il y a quelques semaines, j'ai eu le privilège de prendre le volant de la première Formule 1 d'Ayrton Senna. Je ne me souviens pas d'une expérience aussi incroyable. Conduire la toute première F1 de Senna a dépassé toutes mes attentes. C'était tellement émouvant. Je n'avais jamais piloté une voiture de course plus âgée que moi et la pureté de la conduite était incroyable, juste trois pédales et un simple volant, contrairement à ce à quoi je suis habitué dans une F1 moderne. C'était un moment unique que je n'oublierai jamais. Très, très spécial. Ce Grand Prix à Imola sera donc riche en émotions en sa mémoire* », s'émeut-il avant le GP d'Émilie-Romagne, qui fait son retour après l'annulation de l'année précédente. Mais sur le tracé italien, l'Alpine paie un manque d'agilité et d'aisance sur les vibreurs, deux caractéristiques cruciales sur l'Autodromo Enzo e Dino Ferrari. Les deux pilotes atteignent quand même la Q2, tandis qu'en course, ils ne font pas mieux que 14ᵉ et 16ᵉ.

Lors du Grand Prix de Monaco, Alpine n'est pas en souffrance car ni le moteur ni l'aérodynamique ne jouent un rôle important, et Gasly offre à l'équipe sa première Q3 de la saison 2024 avec la dixième place sur la grille, juste devant Ocon. Le départ est marqué par un violent accident dans la montée de Beaurivage, impliquant Sergio Pérez et les pilotes Haas, heureusement sans gravité. Peu avant le choc, les pilotes Alpine se touchent dans la montée, presque au même endroit, mais évitent le pire. Ce n'est en revanche pas le cas en bas du virage du Portier, dans l'angle droit avant le tunnel, où Ocon force la main sur Gasly et accroche son équipier. Le drapeau rouge est brandi et le responsable de l'incident met pied à terre. Gasly continue la course et profite d'une course calme pour terminer dixième et inscrire son premier point de l'année, non sans déplorer l'attaque désespérée de son équipier.

> «*J'ai été assez choqué. C'était vraiment inutile. Et pour l'équipe, nous ne devrions jamais avoir une telle situation. Surtout entre coéquipiers. Donc, je suis juste triste, déçu de la situation. Nous avons des instructions claires avant la course sur ce qu'il faut faire et, quel que soit le vainqueur de nous deux en qualifications, la voiture qui suit était censée aider tout au long de la course avec une stratégie, mais malheureusement cela ne s'est pas produit. Nous devons absolument parler, parce que nous ne pouvons pas nous le permettre, surtout lors d'une saison comme celle-là. Les deux points pourraient être cruciaux à la fin de l'année. Nous devons juste nous assurer que cela ne se reproduise plus*», tempête le Français, qui exhorte son équipier à «changer d'attitude» malgré les excuses de ce dernier.

Pour la deuxième fois en moins d'un an, Alpine s'affiche publiquement en crise, et la relation entre les pilotes semble se tendre. Et comme l'année précédente, le patron de l'équipe met le feu aux poudres avec des commentaires incendiaires. Sans parler de dilettantisme comme Laurent Rossi l'année d'avant mais avec un manque de recul certain, Bruno Famin réagit à chaud pendant la course au micro de Canal+ : « *L'attaque d'Esteban était totalement inconsidérée. C'était exactement ce qu'on ne voulait pas voir, et on en tirera les conséquences. On va trancher dans le vif.* » Une expression violente et qui suscite des interrogations encore plus importantes que celles apportées par l'accrochage. C'est donc dans une ambiance lourde, après ce qui était paradoxalement le meilleur week-end d'Alpine depuis le début de saison, que l'équipe quitte la Principauté pour se rendre deux semaines plus tard au Canada.

Les tensions montées en épingle depuis plus d'un an atteignent évidemment leur paroxysme, alors que les incidents de l'année précédente, en Australie comme en Hongrie, avaient été désamorcés rapidement. Cette fois, il semble que la relation entre les deux pilotes puisse déstabiliser l'équipe, même si les propos de Bruno Famin n'arrangent rien. Les rumeurs se font également plus insistantes sur des tensions à une échelle plus importante. Il se dit même que les familles des deux pilotes, impliquées dans leurs carrières et donc dans leur rivalité depuis leur plus tendre enfance, n'ont plus le droit d'assister en même temps aux courses, pour éviter tout clash supplémentaire. Même s'il est difficile de démêler le vrai du faux, l'équipe a face à elle une véritable problématique à gérer.

Mais le lundi avant la manche de Montréal, Alpine annonce le départ d'Ocon au terme de la saison en cours. Une belle illustration de ce que Famin entendait par « trancher dans le vif », mais la décision semble être mutuelle car le pilote révèle qu'il en dira plus sur ses plans dans les semaines qui suivent. Gasly se retrouve donc au centre du projet, et surtout de son avenir, à condition qu'il renouvelle son contrat pour 2025. En attendant, il se dédouane auprès de Canal+ d'avoir joué un rôle dans le départ d'Ocon : *« Je n'ai pas du tout été impliqué dans ce qui s'est passé depuis la semaine dernière. C'est agaçant de voir mon nom revenir dans les discussions sur le fait que l'équipe ne voulait pas prolonger avec Esteban. Esteban a sa relation avec l'équipe, j'ai la mienne, nous ne sommes pas jumeaux, nous avons chacun notre carrière. »* Et d'ajouter que de son côté, « les choses avancent » dans ses discussions avec l'équipe française.

Le Canada commence mal sur le plan sportif, avec une 15e place au départ et un accrochage avec Sergio Pérez pour Gasly. Mais la course s'avère chaotique et il remonte jusqu'au dixième rang, puis au neuvième quand Ocon lui cède sa place, n'ayant pas les pneus pour lutter. De quoi rassurer sur l'harmonie dans l'équipe ? Aucunement, car Ocon s'agace d'avoir eu à le faire et s'inquiète d'être sacrifié au profit de son équipier puisqu'il est partant, tandis que Gasly déplore le fait que l'autre voiture ait mis deux tours à s'écarter. Mais cette polémique est rapidement éteinte par une autre, car Alpine annonce le vendredi matin du GP d'Espagne que Flavio Briatore est de retour. Celui par qui la chute de Renault F1 était arrivée à la fin des années 2000 revient, et c'est un signe de changement d'ère qui n'est pas très bien accueilli. Les fans de l'équipe, tout comme les observateurs du paddock, rappellent que l'Italien a été banni pendant cinq ans de toute activité liée à la Formule 1 en 2009 après l'affaire du Crashgate de Singapour. En 2008, il avait en effet demandé à un de ses pilotes, Nelson Piquet Jr, d'envoyer sa Renault dans le mur à un moment donné de la course, pour permettre à Fernando Alonso de s'imposer après un arrêt au stand effectué juste avant l'accident. Un des plus grands scandales de triche de la Formule 1 moderne donc, mais Alpine joue la carte du pardon. Luca de Meo, le PDG du Groupe Renault et compatriote de Briatore, assume totalement ce recrutement controversé et pense que l'équipe a besoin de la célèbre poigne de fer de celui qui a permis à Michael Schumacher et Fernando Alonso de remporter deux titres chacun avec l'équipe d'Enstone, sous le nom Benetton pour le premier et Renault pour le second. Appelé pour apporter son « expertise stratégique » selon le communiqué, Briatore doit notamment aider aux négociations sur le marché des pilotes et sceller l'avenir de l'usine de moteurs de Viry-Châtillon. Parmi ses premiers propos au micro de Canal+, on sent en tout cas une envie de rapidement mettre les pieds dans le plat :

> *« La priorité est d'avoir une voiture compétitive et j'espère que la saison prochaine, nous serons sur la voie pour bien faire. Vous êtes en Formule 1 pour être compétitif. Pas pour être le touriste qui fait 24 fois le tour du monde, l'équipe doit être compétitive, c'est ce que nous voulons. C'est ce que Luca veut, c'est ce que veut l'entreprise, tout le monde veut être compétitif. »*

Son premier week-end au sein de l'équipe se déroule positivement, avec la septième place de Gasly en qualifications à moins d'une demi-seconde de la pole position, et la neuvième position pour Ocon. La course est positive pour Gasly, qui parvient notamment à résister à la McLaren de Piastri et à se battre contre la Ferrari de Leclerc. Il lutte ensuite contre la Red Bull de Pérez et la Mercedes de Russell, mais ces voitures sont dans une autre catégorie que la sienne, et il recule finalement au neuvième rang pour inscrire deux points, tandis qu'Ocon complète le top 10.

Le cirque de la F1 se rend ensuite en Autriche, où il est confirmé par Alpine que Gasly prolonge jusqu'à la fin 2026. Briatore a vite tranché et le pilote a accepté malgré les incertitudes qui planent au-dessus de l'équipe, alors que des rumeurs de rachat par l'équipe Hitech, qui officie en Formule 2, circulent. Mais le Français n'est pas inquiet et s'engage pour deux années de plus au minimum, devenant clairement le pilier du projet et assurant qu'il veut devenir champion du monde avec l'équipe. À ses côtés, Carlos Sainz est envisagé mais l'Espagnol a apparemment des exigences très élevées, à commencer par l'abandon d'une motorisation française pour récupérer des moteurs Mercedes, ce qui n'est pas exclu par Flavio Briatore. Malgré le fait que le projet 2026 soit lancé du côté de Viry-Châtillon, c'est une épée de Damoclès qui surgit au-dessus des employés de l'usine située dans l'Essonne.

En piste, c'est un peu mieux le vendredi pour les A524 qui rentrent toutes les deux en SQ3 pour le Sprint, mais la course rapide ne se passe pas comme prévu et Gasly recule au 13e rang sur la grille de départ pour la course. Les deux pensionnaires du « Team Enstone » se retrouvent en bataille à plusieurs reprises et les choses manquent de mal se passer un peu après la mi-course. Malgré une touchette, ils restent tous les deux en course et Gasly déborde son équipier pour aller chercher un point. Une semaine plus tard, le circuit de Silverstone n'est pas flatteur pour la monoplace et les deux pilotes sont éliminés en Q1 avec les 18e et 19e temps, et Gasly est renvoyé en fond de grille après avoir reçu un nouveau moteur et une nouvelle batterie. Mais c'est sa boîte de vitesses qui fait des siennes dans le tour de formation de la course, et il rentre abandonner avant même le départ, tandis qu'Ocon franchit la ligne à deux tours du vainqueur, Lewis Hamilton. Une course anonyme qui représente bien le calvaire d'Alpine au moment d'atteindre la mi-saison, avec seulement neuf points inscrits en 12 courses.

La Hongrie semble être l'occasion de se reprendre pour l'équipe, qui est plus à l'aise sur les tracés sinueux comme celui du Hungaroring. En Q1, Sergio Pérez envoie sa Red Bull dans le mur et reste juste le temps de faire un tour chrono, que les stratèges de l'équipe décident de ne pas faire pour économiser un train de pneus en vue de la Q2. Problème : tout le monde améliore dans cette ultime tentative, renvoyant Ocon et Gasly en dernière ligne. Passablement agacés, ils déplorent tous les deux « une erreur stratégique » de l'équipe au micro de Canal+ après la séance qualificative. Et sur un circuit où il est très difficile de doubler, c'est la double peine pour le duo. Gasly tente un départ en gommes dures et remonte au classement mais doit abandonner quand sa voiture est victime d'une avarie hydraulique. Il n'y a toutefois pas beaucoup de regrets à avoir, car Ocon franchit la ligne en 18ᵉ position.

L'opportunité d'un meilleur résultat semble se présenter en Belgique, sur un tracé de Spa-Francorchamps qui n'est pourtant pas favorable à la monoplace, mais où la pluie s'abat pour niveler les performances. Ocon atteint la Q3 et Gasly s'élance en sixième ligne pour la course, mais un grand soleil baigne l'Ardenne belge le dimanche, et les performances de l'A524 s'avèrent très en deçà de ce qu'il faudrait pour lutter dans le peloton. Ocon profite de sa bonne position de départ pour sauver un point, et Gasly recule de quelques places pendant les 44 tours jusqu'à l'arrivée. C'est sur cette note peu réjouissante que la pause estivale arrive, et Alpine est toujours huitième du championnat lorsque la Formule 1 fait son traditionnel break de quatre semaines. Mais comme l'année précédente, la Belgique est surtout l'occasion d'un énième séisme en interne, avec la mise à pied de Bruno Famin, visiblement tenu pour responsable de ce difficile début de saison. Il est prévenu avant le week-end que ce sera son dernier, et Oliver Oakes est nommé à sa place. Le Britannique est le directeur de Hitech en F2, et cette nomination renforce évidemment les bruits de paddock d'une possible vente de l'équipe.

La gestion des affaires courantes bat toutefois son plein pendant l'été, et on apprend en arrivant aux Pays-Bas que Jack Doohan, réserviste de l'équipe depuis le départ de Piastri deux ans plus tôt, sera titularisé en 2025 aux côtés de Gasly. Le rôle de leader s'accompagnera donc de celui de mentor pour le Français, qui a déjà connu ça avec Yuki Tsunoda chez AlphaTauri et semble donc tout indiqué pour le rôle qui l'attend au sein de l'équipe. La manche néerlandaise du calendrier se tient à Zandvoort, circuit sur lequel Gasly a signé un podium l'année précédente, et bien qu'il ne réitère pas cette performance, il se distingue quand même avec une entrée en Q3 et une arrivée en neuvième position au terme d'une course qui l'a vu effectuer quelques belles manœuvres, dont un double dépassement en ligne droite.

De quoi retrouver le moral dans l'équipe française ? Pas vraiment, car le lendemain de la course, le groupe Renault acte publiquement et officiellement la décision de Flavio Briatore : le Losange ne produira plus de moteurs de F1, et l'usine de Viry-Châtillon va revoir ses activités. Le programme déjà lancé pour 2026 est abandonné, et la grogne monte très rapidement avant Monza, au point que des employés menés par le conseil social et économique de l'écurie se rendent en Italie pour manifester, pendant que ceux restés à Viry font grève et menacent de ne plus fabriquer les moteurs et les pièces pour les faire tourner. C'est avec le soutien du collectif au hashtag #Viryontrack, soit « Viry en piste », que débute l'escale transalpine du calendrier. Qualifiés 14e et 15e, Gasly et Ocon ont surtout des problèmes de mise en température des pneus lors de la séance chronométrée. Après une course délicate, ils franchissent la ligne d'arrivée aux mêmes positions, simplement inversées au fil des décisions stratégiques et de deux passages hors-piste pour Gasly, dont un causé par Kevin Magnussen. Ce dernier se voit d'ailleurs suspendu pour la course suivante à Bakou, ayant atteint les 12 points de pénalité sur son permis. Pourtant, le Danois a été défendu par… Gasly lui-même, qui a jugé la décision trop sévère et a tenté de faire changer d'avis les commissaires, en vain.

Le Grand Prix d'Azerbaïdjan, théâtre d'un fiasco et de la colère de Laurent Rossi l'année précédente, ne sourit pas plus à Alpine en cette saison 2024. Ocon subit deux avaries mécaniques en essais libres, et Gasly est le seul à passer en Q2. Il est ensuite disqualifié pour une infraction technique et les deux pilotes s'élancent de très loin sur la grille. C'est donc en toute logique qu'ils finissent la course loin des points. Une course qui voit Franco Colapinto marquer ses premiers points à l'occasion de sa deuxième course en Formule 1, puisqu'il a remplacé Logan Sargeant chez Williams à partir de Monza. Ce bon résultat permet à Williams de doubler Alpine et alimente les rumeurs apparues dans le paddock de Bakou, selon lesquelles Flavio Briatore aurait jeté son dévolu sur l'Argentin pour 2025. Une situation qui interroge, puisqu'il a deux pilotes titulaires sous contrat pour l'année suivante.

La course de Singapour est à oublier avec une 18e position en qualifications et une 17e en course, et les choses s'améliorent quelque peu à Austin, où Gasly se qualifie septième grâce à une Alpine évoluée. Malheureusement, tout espoir de bon résultat est perdu au moment de l'arrêt au stand, car il reste immobilisé pendant plus de sept secondes à cause d'une roue récalcitrante. C'est une 12e place finale pour lui, et une occasion envolée d'aller reprendre la huitième place du classement des constructeurs à Williams, qui inscrit encore un point et en compte quatre d'avance sur l'équipe d'Enstone. Qualifié huitième au Mexique, Gasly franchit la ligne dixième et permet à son équipe d'espérer encore aller chercher une position au championnat des constructeurs. Et le Sprint très bien exécuté au Brésil, au cours duquel il rajoute deux unités au compteur de son team, est un nouveau motif d'espoir pour une fin de saison réussie.

La week-end qui suit se déroule à Interlagos, et il commence très bien avec une septième place lors du Sprint, avant le report de la qualification pour cause de pluie. Une séance qui est décevante car à cause d'une mauvaise gestion de la séance, Gasly ne prend le départ qu'en 13e position. Mais le déluge qui s'abat permet aux pilotes Alpine de faire le spectacle en ne s'arrêtant pas. Dans des conditions épouvantables, Ocon est le plus rapide en pneus intermédiaires, reprenant jusqu'à quatre secondes au tour à Verstappen qu'il dépasse et distance, tandis que Gasly remonte à raison de trois secondes au tour sur le Néerlandais. Le pari de rester en piste et ne pas s'arrêter alors que les autres pilotes font le choix des gommes pluie est payant quand la course est interrompue par l'accident de Colapinto, leur permettant de chausser les pneus les plus sculptés sans perdre de temps. La suite de la course est parfaitement gérée, et bien qu'ils ne puissent pas résister à un Verstappen pourtant 17e sur la grille de départ, Ocon et Gasly montent sur le podium tous les deux pour Alpine. Le premier double podium pour le team d'Enstone depuis le Grand Prix de Corée du Sud 2013, lorsque Kimi Räikkönen et Romain Grosjean avaient amené les deux Lotus dans les trois premières places. Et le premier double podium pour la France depuis le GP d'Espagne 1997, où Olivier Panis avait terminé deuxième devant Jean Alesi.

« Je veux dire tellement de choses mais je dois me calmer, je dois surveiller mon langage ! Je suis heureux, je suis

fier de tout le monde dans l'équipe. C'est historique, on a connu une saison très difficile, beaucoup de choses ont été dites sur l'équipe, pas souvent de manière positive, mais on est restés unis et on n'a jamais abandonné. Et c'est contre toute attente, car personne n'aurait parié sur une Alpine sur le podium, encore moins sur les deux ! Je suis tellement fier des gens de l'équipe, qui ont tout donné à l'usine et en piste, on a fait de notre mieux, et notre mieux aujourd'hui est incroyable. Et en partant 13e, je suis incroyablement heureux de terminer troisième », explique Gasly lors des interviews d'après-course.

Un résultat qui est aussi l'occasion pour les deux normands de partager une belle célébration, et mettre ainsi de côté les tensions nées durant la saison, comme il le souligne auprès de Canal+ :

> « *On a eu des hauts et des bas dans notre relation, mais il y a toujours eu du respect entre nous, quoi qu'il ait pu se passer. On a notre histoire qui ne regarde que nous, qui est unique, mais on vient du même endroit, de Normandie, on est de la même génération, et c'est un très beau podium avec Max, lui et moi.* »

En conférence de presse, les deux compères se rappellent les longs week-ends de travail sur les pistes de karting, quand ils roulaient dans toutes les conditions, à tout moment de l'année. Ocon évoque des « flash-backs » de cette époque sous le déluge d'Interlagos, et Gasly insiste sur l'importance de cet instant partagé :

> *« Je pense que personne ne peut comprendre pleinement. C'est une relation très personnelle entre Esteban et moi. On a traversé tellement de choses ensemble. Comme il l'a dit, on se retrouvait l'hiver, à moins cinq degrés, seuls sur la piste de karting. On roulait sous la pluie, sur la neige avec des pneus* slicks, *quand on avait 9, 10, 11 ans. On s'est vraiment entraînés dans ces conditions, et en course ici, je peux dire que toute cette expérience a fait la différence. Je me rappelle qu'on retournait dans le camion pour se réchauffer après quelques tours, tellement on était gelés. On a eu nos hauts et nos bas, mais pendant cette aventure de deux ans en tant que coéquipiers, je pense qu'on peut être très fiers de la manière dont on a fait progresser l'équipe. »*

Ocon est lui aussi heureux de pouvoir vivre ce moment historique avec celui qu'il connait depuis son enfance :

> *« Je suis très heureux aussi, j'y pensais dans le dernier tour, je me disais que ça allait être incroyable*

de faire un podium tous les deux. C'est comme à la bonne époque, quand on était sur le podium sur les petites pistes de karting dans les mêmes conditions ! Ce sont des conditions qu'on a toujours vues, et cette image du tour d'honneur côte à côte tous les deux restera gravée pour toujours. »

Ce résultat retentissant est aussi une très bonne affaire pour Alpine au championnat des constructeurs, puisque l'équipe inscrit 33 points et grimpe à la sixième place du classement, équivalente à une prime de 30 millions de dollars. Un bond en avant inattendu, comme le confirme Gasly :

« On espérait marquer un ou deux points jusqu'à la fin de l'année. On a vu les conditions et on sait que dans ces conditions, tout est possible. Il faut y croire, il faut garder la tête froide, ne pas faire d'erreur, et personne n'en a commis dans l'équipe aujourd'hui. C'est une course parfaite. »

L'éclaircie se poursuit lors de l'escale suivante, qui se déroule à Las Vegas, avec la troisième place en qualifications. Mais alors qu'il lutte parmi les cinq premières places, son moteur rend l'âme et lui enlève toute chance de bon résultat en course. C'est l'inverse qui se produit au Qatar car malgré une qualification hors du top 10,

Gasly profite d'un très bon rythme et d'une voiture de sécurité au bon moment pour ressortir des stands en sixième position et aller chercher une cinquième place finale. Extatique après l'arrivée, il s'étonne même du rythme trouvé par l'A524 en cette fin d'année :

> « *C'était une course vraiment incroyable, je suis très content, la voiture a bien marché. On a bien géré, je n'ai pas pris un très bon départ, j'ai perdu des places mais j'ai essayé de rester calme dans la voiture et je me sentais bien. [...] Ce n'était pas simple car je devais économiser de l'essence, donc il y avait pas mal de choses à gérer. Mais ce qu'on retiendra c'est la performance, on est très rapides. Ça fait quelques courses qu'on l'est, on l'a vu à Vegas en partant troisièmes, et on sait que ces points vont être importants.* »

Mais comme c'est le cas depuis plusieurs mois, l'éclaircie en piste est assombrie par une rumeur qui enfle dans le paddock : Flavio Briatore serait en train d'anticiper le licenciement d'Esteban Ocon, l'empêchant de disputer sa dernière course dans le team avant de rejoindre Haas, pour placer Jack Doohan à ses côtés. Une information confirmée dès le lendemain par Alpine, alors que les médias confirment en cœur que Briatore a exigé d'Ocon qu'il accepte d'être sur la touche à Abu Dhabi s'il souhaite disputer les essais de fin d'année avec sa nouvelle équipe.

Un pari pourtant risqué pour Alpine, qui n'a que cinq points d'avance sur Haas avant la dernière course, et treize sur l'équipe RB. Gasly porte l'équipe sur ses épaules puisque son jeune partenaire effectue ses débuts avec un minimum syndical de préparation. Le Français se qualifie sixième tandis que l'Australien signe le dernier chrono d'une grille qui se tient en moins d'une seconde en Q1. Mais Gasly est décidément l'assurance-vie à Enstone, puisque sa septième place devant la Haas de Hülkenberg assure la sixième position d'Alpine au classement par équipes. Doohan termine 15ᵉ à plus d'un tour, et c'est le moment de tirer un bilan sur cette saison particulièrement difficile, mais qui se termine mieux qu'elle avait commencé.

> « *Je suis extrêmement content de cette fin de saison. Elle représente énormément de travail de la part de l'équipe. On a malheureusement vécu beaucoup de moments difficiles avec l'équipe mais on n'a jamais arrêté de se battre et de travailler,* déclare Gasly après l'arrivée. *Aujourd'hui, ça a payé avec cette fin de saison honnête en termes de performance. On était les meilleurs du peloton au Qatar, on l'est encore ici et on a juste les*

quatre meilleures voitures du plateau devant nous. C'était impensable à Bahreïn et je remercie l'équipe pour ça. ».

Le mardi, après la dernière journée d'essais, il en dit plus sur une saison durant laquelle il a notamment réussi à ne causer aucun accident, et n'être donc responsable d'aucune facture de casse pour son équipe :

« En arrivant, j'avais trois objectifs. Sixième au classement des constructeurs, dixième au classement des pilotes et rester propre. Je suis donc toujours à zéro dollar de dégâts. Nous avons atteint tous nos objectifs. La première partie de la saison a été très difficile pour nous tous, avec une voiture peu performante, mais je suis très fier de la réaction des gens dans l'équipe et de la façon dont ils ont réussi à apporter autant de performance pour me donner une voiture dans les dernières courses qui m'a vraiment permis d'être très, très performant. Cela montre que nous allons dans la bonne direction, que la mentalité et l'esprit au sein de l'équipe sont les bons. Et je voyais déjà tous ces changements positifs en avril, en mai, qu'il y avait dans l'usine. Évidemment, cela ne se traduit pas immédiatement sur la piste. Quelques mois plus tard, nous avons obtenu toutes ces récompenses. »

CHAPITRE 19

PROJET RISQUÉ MAIS FIDÉLITÉ RÉCOMPENSÉE ?

C'est fort de cet optimisme que Pierre Gasly débute une saison 2025 qui se veut meilleure, notamment au classement, mais surtout au niveau de la constance. En effet, Alpine aurait été neuvième du championnat, au mieux huitième, sans l'énorme performance de ses deux pilotes de la saison précédente à Interlagos. Pour la première fois, la Formule 1 organise un événement public à Londres où les dix équipes présentent leur nouvelle voiture, un spectacle durant lequel il tait ses objectifs, et il faut attendre les essais de Bahreïn pour avoir des déclarations sur ses ambitions en vue de la saison 2025. Et l'entame des essais est satisfaisante, avec une première journée forte en roulage puisque lui et Jack Doohan parcourent près de trois fois la distance d'une course.

« C'était une bonne journée de travail. La voiture s'est tout de suite bien comportée et je suis satisfait des premières sensations au volant. Tout a fonctionné comme prévu et nous avons commencé à explorer différents réglages, ce qui nous donne une direction à suivre pour le reste de la semaine », lance un Gasly optimiste, avant une deuxième journée inhabituelle, puisque la pluie s'abat sur le circuit de Sakhir, perturbant son programme.

Dans le même temps, il explique qu'Alpine sera toujours dans le peloton pour cette nouvelle année, mais il espère voir l'A525 lui offrir l'opportunité de bons résultats et de se rapprocher des leaders que sont Red Bull et McLaren : *« J'espère que le milieu de peloton pourra défier les meilleures équipes de manière plus constante et, espérons-le, créer quelques surprises comme nous l'avons vu à certaines occasions l'année dernière. »*

Mais au terme des trois journées de tests à Bahreïn, Pierre Gasly apprécie le rôle de leader qu'il joue auprès de Doohan, et avec Franco Colapinto en troisième pilote. En effet, l'Argentin a rejoint l'équipe dans l'hiver, Flavio Briatore en profitant pour menacer Jack Doohan de l'écarter au profit de sa nouvelle recrue. À l'aube de sa huitième saison complète en catégorie reine, le Français est presque comme un vétéran et il peut être le meneur sur beaucoup de points au sein d'Alpine :

« Je sais qu'on accorde beaucoup d'attention à mes retours techniques maintenant. L'équipe ne s'en cache pas. Je vois qu'ils m'écoutent tous. Pour moi, c'est un poste qui demande un peu plus de responsabilités mais je l'apprécie. Je sens qu'il y a beaucoup plus de sérénité dans l'équipe que l'an dernier à la même période. On pourrait presque dire que c'est le jour et la nuit. »

Pressé d'en dire plus sur ce qu'il décrit presque comme un retournement de situation, il explique à quel point la situation a changé par rapport à 2024, et comment il l'a compris dès la première journée d'essais :

« L'année dernière, avant même d'avoir fait un tour, je savais que ça n'irait pas. On ressent des choses dans la voiture. Cela donne des directions et, de temps en temps, ça calme et ça évite d'avoir quelques inquiétudes. Il y a un jeu psychologique pendant les tests hivernaux. C'est important de ne pas se concentrer sur les performances en nous comparant aux autres, mais plutôt de penser au ressenti dans la voiture. Les premières sensations sont bonnes. »

De quoi jouer les trouble-fêtes parmi les leaders ? Gasly garde son avis et tempère le revirement en cours, assurant qu'il y aura encore un écart conséquent, qu'il espère plus réduit lors de quelques courses :

> *« Ce serait une bonne chose. On sait que l'écart avec les voitures devant est encore grand. On arrive sur une fin de réglementation donc je doute qu'on puisse combler en un hiver l'écart qu'il y avait en 2024. Mais ce serait bien de tirer notre épingle du jeu sur quelques Grands Prix et mettre nos nez au milieu des voitures de pointe. Ce n'est pas impossible. »*

Mais l'exercice 2025 est difficile, car Alpine est toujours au cœur du tumulte politique débuté avec la vente de Viry-Châtillon, et elle végète en dernière position du classement des constructeurs. Flavio Briatore a décidé de tout miser sur 2026, avec l'adoption d'un statut d'équipe cliente auprès de Mercedes, qui fournira ses redoutables moteurs à la structure d'Enstone. Dans l'été 2025, Gasly a décidé de s'engager pour deux saisons de plus avec Alpine, prolongeant ainsi son bail jusqu'à la fin de saison 2028. Un signe que la révolution réglementaire prévue en Formule 1 s'annonce sous les meilleures auspices ? Le principal intéressé comprend en tout cas le scepticisme qui entoure sa décision, comme il l'a déclaré aux médias peu après l'annonce de sa prolongation.

« Je sais qu'il est difficile pour les gens de comprendre pourquoi je reste chez Alpine, car quand on regarde les performances actuelles, nous sommes en difficulté. Mais comme je l'ai dit, nous avons identifié les raisons de ces difficultés et nous en comprenons les causes. Nous connaissons les raisons stratégiques qui nous ont poussés à prendre ces décisions cette année, qui ont eu un coût en termes de performances, mais je suis convaincu qu'à partir de l'année prochaine, l'équipe sera en mesure de me fournir une voiture capable de rivaliser avec les meilleurs et de me permettre d'atteindre les objectifs pour lesquels je l'ai rejointe. La situation dans laquelle nous nous trouvons actuellement nous donne en fait certains avantages pour l'année prochaine en termes de soufflerie notamment. Je pense que nous devrions être en bonne position. Il y a de nombreuses raisons de croire que l'équipe sera en mesure de me fournir la voiture que je souhaite. »

Les difficultés qu'il connait avec Alpine en cette saison 2025 malgré des performances toujours remarquées de sa part ne l'empêchent pas d'être ambitieux. Le compétiteur qu'il est a réitéré son envie de trôner un jour sur le toit de la Formule 1, orné d'une couronne que la France n'a plus remportée depuis 1993, date du dernier titre mondial d'Alain Prost. « Mon heure viendra », a-t-il asséné auprès de RN365 durant l'été 2025, peu avant sa prolongation de contrat. Et en attendant que son heure vienne, il continue de piloter au maximum de leurs capacités des monoplaces parmi les plus rapides au monde, vivant une vie dont il rêvait quand il était enfant.

> *« C'est un sport qui est beaucoup plus intense que ce que les gens peuvent penser,* rappelait-il dans l'interview pour la chaîne HugoDécrypte. *Il y a 24 courses dans le monde entier, on fait 100 vols à l'année, on change de continent des fois toutes les deux semaines, on prend un avion tous les trois jours… c'est un style de vie qui est particulier, mais j'ai toujours rêvé de ça. Même si c'est mon travail, je ne l'appelle pas comme ça car c'est énormément de plaisir, et je vis pour la compétition. Mais c'est un sport extrême. »*

Cependant, celui qui aime se ressourcer auprès de ses amis et de sa famille dans sa Normandie natale n'est pourtant pas déconnecté du monde réel qui l'entoure, et qu'il apprécie de retrouver une fois le tourbillon des Grands Prix mis en pause, que ce soit entre deux courses ou lors des pauses hivernales et estivales, comme il le disait dans le podcast *Beyond the Grid*. *« Au bout du compte, nous sommes juste des personnes normales, avec une vie qui est plutôt extraordinaire. »*

REMERCIEMENTS

Merci à Mathieu Zangarelli pour son intervention, et à Frédéric Veille pour les contacts.

Merci à Talent Editions, et en particulier à Emmanuel et Laure pour leur confiance.

Merci à toutes les personnes qui me soutiennent.

CRÉDITS ET RÉFÉRENCES

Photo n°1, p1 : Photo by DPPI / Jacky Foulatier / DPPI via AFP. Photo n°2, p1 : XPB / Icon Sport. Photo n°3, p1 : Photo by Jacky Foulatier / DPPI via AFP. Photo n°4, p1 : Photo by GREGORY LENORMAND / DPPI.Media / DPPI via AFP. Photo n°5, p2 : Photo by Francois Flamand / DPPI Media / DPPI via AFP. Photo n°6, p2 : Photo by CLIVE MASON / GETTY IMAGES EUROPE / Getty Images via AFP. Photo n°7, p2 : Photo by Shintaro Nakane / The Yomiuri Shimbun via AFP. Photo n°8, p3 : Photo by DPPI / DPPI Media / DPPI via AFP. Photo n°9, p3 : Photo by Peter Fox / GETTY IMAGES EUROPE / Getty Images via AFP. Photo n°10, p4 : Photo by Peter Fox / GETTY IMAGES EUROPE / Getty Images via AFP. Photo n°11, p4 : Photo by Peter Fox / GETTY IMAGES EUROPE / Getty Images via AFP. Photo n°12, p4 : Photo by Peter Fox / GETTY IMAGES EUROPE / Getty Images via AFP. Photo n°13, p5 : PA Images / Icon Sport. Photo n°14, p5 : PA Images / Icon Sport. Photo n°15, p5 : Photo by FLORENT GOODEN / DPPI Media / DPPI via AFP. Photo n°16, p6 :

Hoch Zwei / Icon Sport. Photo n°17, p6 : Hoch Zwei / Icon Sport. Photo n°18, p7 : Photo by Antonin Vincent / DPPI via AFP. Photo n°19, p7 : Photo by Andrea Diodato / NurPhoto via AFP. Photo n°20, p7 : Photo by Xavi Bonilla / DPPI via AFP. Photo n°21, p7 : Photo by CLIVE MASON / GETTY IMAGES EUROPE / Getty Images via AFP. Photo n°22, p8 : Photo by FLORENT GOODEN / DPPI Media / DPPI via AFP. Photo n°23, p8 : Photo by Antonin Vincent / DPPI via AFP. Photo n°24, p8 : Photo by Toshifumi KITAMURA / AFP.

Imprimé en France par CPI
en novembre 2025

Dépôt légal : novembre 2025
N° d'impression : 185981

Talent Éditions est engagé dans le développement durable afin de limiter l'empreinte carbone de la fabrication de ses livres. Soucieux de l'impact environnemental de notre métier, nos ouvrages sont imprimés en France sur du papier certifié issu de plantations gérées de manière éco-responsable. Les livres non-commercialisables sont recyclés et réutilisés pour la fabrication d'autres produits cartonnés.